# NOBODIES KOKORO

## IN NOMINE PILU

### (TOGHE, ESCORT, COCAINA)

LIBRO 5

LA CITTÁ DEI MILLE CONTRASTI
ONORATI

# LA CITTÁ DEI MILLE

# CONTRASTI ONORATI

# I

## L'ULTRACASTA

> Il maggior errore del giudice è di
> credersi immune dalla responsabilità
> del delitto per il quale un altro è
> condannato; è di credersi
> membro di una società migliore,
> di una società di eletti.
> (Gustavo Zagrebelsky)

È il 12/09/2016, acquisto il libro: "l'ultracasta", autore Stefano Livadiotti, un giornalista dell'Espresso, quindi di sinistra; il primo capitolo inizia con una frase di Indro Montanelli «Nella giustizia c'è un dieci per cento di autentici eroi pronti a sacrificarle carriera e vita: ma sono senza voce in un coro di gaglioffi che c'è da ringraziare Dio quando sono mossi soltanto da smania di protagonismo.» Indro Montanelli, Corriere della Sera, 24 agosto 1998.

Il libro si legge con molta scorrevolezza; mi fa comprendere nelle mani di chi sono finito, vi è un altro libro interessante che non acquisterò: "io non posso tacere, confessioni di un magistrato di sinistra". Questi due testi dovrebbero essere letti nella scuola dell'obbligo.

Le parole di Montanelli mi danno l'idea una sorta di principio di Pareto 90/10 applicabile a toghe e divise; si potrebbe dire: il dieci per cento si sacrifica e produce, il restante novanta delinque e si esibisce sui media, ma quando attaccato usa le azioni del restante dieci per cento come esempi di buona condotta e in questo dieci per cento ci sono gli eroi che muoiono in servizio contro la criminalità mentre il restante si prende le mazzette oppure è colluso ed usa come scudo la pelle degli eroi.

# II

## BONNY

Le persone più felici sono quelle
che fanno di più per gli altri.
I più miserabili sono quelli
che fanno di meno.
(Booker T. Washington)

È dicembre duemila-sedici, mi vedo
con Bonny, in questo periodo sto
acquistando un furgone usato dal Piso,
sono pieno di lavoro e la mia auto
spesso si avvia con problemi. Mi
hanno chiesto degli interventi di
assistenza a prestazioni con p.iva, si
tratta di sistemare sistemi di
videolottery (VLT), mi sono accordato
per dei ticket della provincia di
Brescia; bergamo preferisco evitarla se
posso, quindi mi va bene ogni mattina

andarmene dalla città a fare assistenze, Massimo è morto pochi giorni fa.

Quando parlo con Bonny mi sembra di aver a che fare con Fabri, potrei definirlo il Fabri senza il supporto dei corrotti; quindi, per me i suoi tentativi di manipolarmi sono un ordinario allenamento e poiché non sortiscono l'effetto da lui desiderato, si arrabbia: personaggi diversi stesse reazioni. Bonny è stato adottato, non me lo ha detto lui, ma sua madre. Quando questa mi conobbe, mi fece delle domande sui miei genitori e quando le dissi che non parlo con questi e sono stato in affido famigliare, mi disse «Sei come il [Bonny]», raccontandomi dell'adozione. Bonny usa questo come leva quando gli serve un favore, pensando di manipolarmi. Al pari di Fabrizio, quando vuole un'informazione su di me, la chiede solo perché cerca informazioni per sabotarmi. Sarebbe stato una perfetta divisa rossa e lo sarebbe stato anche Fabri.

Oggi mi ha chiamato dicendo che mi deve vedere e quando lo incontro dice con autorevolezza che Ervin, un tipo albanese che lui mi ha presentato, vuole un iPhone usato. Ricordo questo tizio, Bonny ad agosto di quest'anno (duemila-sedici), mi ha chiesto qualche passaggio poiché doveva recarsi a casa di costui a fargli dei lavori di imbiancatura.

Bonny «Marco, ad Ervin gli serve un iPhone usato, non ne avevi qualcuno?»

M «Sì, ma ne sono rimasti due, gli altri sono difettosi»

Bonny «Allora glielo dico, tranquillo che ti paga, spaccia, poi è socio nel bar in borgo santa caterina e la moglie lavora per lo stato»

M «Sì, ho capito, è quel bar che sta facendo fallire il Marika's; mi hanno detto perché è sempre pieno», lo guardo con un po' di disaccordo, ma non replico.

Bonny «Ti faccio chiamare allora»

M «Digli di scrivere su WhatsApp»

Bonny «Ok, va bene, mi raccomando»

M «Sì, sì»

Mi scrive Ervin, prima si prende l'iPhone 5C da 64gb e poi me lo pagherà, mi fido poco, non tanto per i soldi, ma perché prendere e non pagare è un segno di potere per gli spacciatori da quattro soldi»

Riesco a farmelo pagare in tre tranches, sono nel bar in cui è socio, penso al fatto che mi sono fatto sfuggire Alessia, la ragazza che lavorava al Marika's, mi piaceva, è sparita improvvisamente, non so che fine abbia fatto. Come sempre quest'indagine assorbe e consuma il mio tempo oltre le mie energie. Arriva Ervin, usa sempre quel suo saluto in cui ti prende la mano di lato come quando prendi uno per fare braccio di ferro. Ricordo che una volta lo sentii dire che salutava in quel modo perché lo aveva letto in un libro: "Come farsi gli altri amici di Dale Carnegie"; un buon libro anche per uno spacciatore, poi se hai la bianca, te ne fai parecchi di amici. Non parla di soldi mi offre uno scadente vino rosso in un calicetto da osteria e mi chiede come va con il Bonny; gli ho spiegato mille volte che il Bonny mi esaurisce con le sue richieste di passaggi, ma lui è lì con il suo gruppetto di amici per fare un atto di bullismo. Non mi sono informato se veramente la moglie lavori per lo stato; dato il modo in cui si comporta è molto probabile. Gli spacciatori sanno sempre chi sono i nemici delle divise sporche che io chiamo divise rosse. Mi dà il saldo, non ci posso credere, uno spacciatore che mi paga in tre tranches un telefono usato, me ne vado cercando di capire cosa ha in mente per i prossimi giorni.

Passano due giorni e mi manda un messaggio Gabriela, la fidanzata di Bonny, dicendo che ho parlato male del Bonny e di lei, che ero ubriaco, non batto ciglio, solitamente Gabriela ha il potere di far innervosire tutti, ma ho capito dove Ervin voleva arrivare. Bonny gli deve aver detto che i suoi genitori mi avevano invitato per il Natale perché non ho una famiglia e lui si è sentito potente a farmi saltare il tutto. Mi informo meglio su che ruolo nello stato abbia la moglie di Ervin. La risposta che mi arriva dalle persone è sempre la stessa, ridacchiando dicono «Sì, lui spaccia e lei fa le multe per il comune di bergamo». Mi mancava essere umiliato dallo spacciatore che puzza di merda, probabilmente ha un complesso di inferiorità, lui che in Albania sarà considerato spazzatura, ma qui si sente il beniamino degli adolescenti. Gli mando uno screenshot con i messaggi di Gabriela e mi risponde, «Ma secondo te io ho tempo per queste cose, LOL», l'emoji con la risata fino alle lacrime mi suscita sdegno; Immagino che a Gabriela mentre gli parlava male di me per farmi saltare il pranzo di Natale gli avrà offerto una riga di cocaina. Per ora lascio perdere Ervin, ha provato anche a fare il venditore di auto ed è stato un fallimento, poi si è messo a fare il muratore perché, se sei straniero, devi giustificare cosa fai per vivere. Se avrò tempo ti metterò davanti a chi sei, così anche la polizia ed i carabinieri che sanno quello che fai e lo so per certo, faranno la loro debita figura. Non avresti tentato di umiliarmi se non avessi saputo che a bergamo ho le mani legate e non posso reagire su nulla. Qualcun altro potrebbe mandare faccine sorridenti quando ti arresteranno.

Incontro Bonny prima di Natale, gli rispondo con tono secco che non ci sarò al pranzo, data la situazione creata da Gabriela che sarà presente. Nonostante tutto è un po' dispiaciuto, vedremo che succede prossimamente.

# III

## ABDE & MICHY

Il servilismo è
una schiavitù volontaria.
(Michail Bakunin)

Imparerai a tue spese che nel lungo
tragitto della vita incontrerai tante
maschere e pochi volti.
(Luigi Pirandello)

Una mia amica mi ha regalato una poltrona che non usa, però in casa non ho spazio, l'ho messa in un garage che ho preso in affitto; c'è dentro la mia Volkswagen Passat con il volano da cambiare, non è un lavoro che sono in grado di fare, vendo la poltrona tramite l'app. Spock. Mi incontro con una coppia di ragazzi davanti al garage e caricano la poltrona sul loro mezzo, non ho il resto da dargli e gli propongo di prendere un caffè in un bar di modo da cambiare i soldi, siamo in via Giovanni da campione, a trenta metri sulla sinistra c'è un bar di nome Alina a gestione cinese, accettano e ci dirigiamo verso il bar; davanti alla vetrina c'è una panca con seduta una ragazza meticcia/mulatta ed un signore sulla cinquantina con la camicia sbottonata che fuma una sigaretta, gli passiamo davanti ed entriamo nella porta del locale, ordino tre caffè, li beviamo, ad un certo punto vedo il barista che fissa qualcosa alle mie spalle con un'espressione tra lo stupito ed il preoccupato. Mi volto, il tizio che stava fumando apre la porta del bar e continua a fissarmi, lo fisso anche io, fa un passo in avanti, allunga le mani verso la sedia davanti alla porta che è inserita sotto al tavolo, la sposta tirandola verso di sé di circa venti centimetri e prende un sacchetto bianco della spesa con le due mani posto sulla sedia, fa un passo indietro continuando a fissarmi e chiude la porta del bar. Ora il suo volto ha un nome, è il maresciallo Porcaro.

La settimana dopo squilla il telefono è Michela, detta Micky Brown, una signora che sviluppa piccoli siti web per alcuni negozi di abbigliamento. Le racconto l'accaduto, le dico che mi sono informato, la ragazza mulatta è una ragazza di "città alta"; mi risponde «so benissimo chi è». Micky mi racconta che sua madre novantenne ha venduto il suo immobile in città alta a [MaBo]. Lo ha venduto poiché il cognato, circa due anni prima, è morto tentando di dare fuoco al pub di cui era titolare per frodare l'assicurazione. un meccanicotto, ne ha parlato tutta la città, mi chiede se ho sistemato i problemi alla mia auto, gli dico che mi si è rotto il volano e sono alla ricerca di un meccanico, insiste perché vada dal suo amico Abde. Dice che mi manderà il numero e mi suggerisce di chiamarlo subito. É il 16/06/2017, chiamo questo Abde e gli dico che mi ha dato il numero Michela. Abde è già stato informato sulla situazione, mi manda il numero di un carro attrezzi. Gli spiego che stanno rifacendo l'asfalto davanti l'ingresso del garage dove ho l'auto, serve aspettare qualche giorno. In data ventitré giugno arriva il carro attrezzi, ritira il veicolo portandolo all'autofficina Abde di bakhakh abdelali, viale piave, alzano lombardo (bg). È un lavoro relativamente semplice, deve cambiare il volano, il componente di ricambio è nel bagagliaio, Abde ha detto che non ci sono problemi, non ci vorrà molto, lo contatto il ventisette giugno, gli chiedo se mi può fare anche un controllo generico del veicolo, accetta la richiesta di assistenza mostrandosi molto disponibile. É passato un mese, presumo sia molto preso con il lavoro, passa un altro mese, provo a ricontattare Abde per avere informazioni. Non mi risponde, non mi contatta nemmeno per chiedermi dei soldi o propormi un preventivo. Arriva l'otto luglio, provo a chiamarlo di nuovo, non risponde, gli scrivo in WhatsApp, nessuna risposta, riprovo il dodici luglio, ma nulla, dopo qualche giorno, mi scrive dicendomi che il volano era arrugginito. Inizio a non capire cosa stia succedendo. Il volano comprato era solo lievemente arrugginito in alcuni punti, non mi propone comunque di acquistarne uno nuovo, un'altra strana situazione. In data ventitré agosto dopo circa un mese tento di ricontattarlo, ma non mi risponde ancora. Il ventisette agosto mi contatta asserendo che il volano è stato cambiato e contemporaneamente Abde mi comunica di non riuscire a trovare i copri valvola del veicolo che deve cambiare. É stranissimo, sono dei ricambi che si trovano facilmente presso tutti i ricambisti. Il quattro settembre contatto Abde per informarlo che il diciassette del mese sarebbe scaduta l'assicurazione. Nessuna risposta, mi chiedo perché si comporti in questo modo, provo a chiedere informazioni anche a Michela ed al marito Alberto, mi dicono di stare tranquillo e di non preoccuparmi. A loro dire Abde è un ottimo meccanico. Mi devo fidare, ha avuto un ottimo maestro, il loro amico e cliente Tombini della Tombini auto.

Passa il tempo, sono ancora appiedato, provo a ricontattare Abde a più riprese: il ventuno settembre, il dieci ottobre, il tre novembre, il due dicembre, in tutte le occasioni in cui lo ho contattato e a distanza di mesi vengo rimandato con scuse. Finalmente mi contatta, Abde mi dice di non poter completare il lavoro in quanto gli mancano gli altri sette copri valvola. Queste non sono danneggiate, ma non capisco perché non vada ad ordinarli dal concessionario ufficiale Volkswagen che è a quindici chilometri da lui. Gli arriverebbero in due giorni, oppure, in alternativa avrà un fornitore di componenti per l'officina. Data la situazione faccio un ordine online e glieli faccio pervenire tramite UPS, seguo il tracking, mi arriva la notifica della consegna, chi ha firmato il ritiro è Abde, la situazione oramai puzza. Mi reco presso l'officina con un testimone, Abde è un ragazzo di origini nordafricane naturalizzato bergamasco e quando lo vedo asserisce di non trovare i pezzi. Mi chiedo come faccia ad avere l'esperienza necessaria a fare quel lavoro in autonomia, è molto arrogante, mi ricorda alcuni prestanome senza arte né parte che ho conosciuto, si atteggia, mi dice che non trova i pezzi in quanto ritirati da un suo dipendente, non gli comunico che risulta il suo nome come firmatario del pacco al corriere, me ne vado ed attendo aggiornamenti.

Abde WhatsApp «Buongiorno, Scusami, ma sono stato incasinato! Ho verificato, i pezzi sono arrivati. In questi giorni la metto sul ponte e faccio l'elenco delle cose che mancano e un preventivo per procedere con i pezzi che mi ha mandato. Grazie e buona giornata»

Mi manda dopo qualche giorno un altro messaggio:

Abde «Ovviamente non parte l'auto con le valvole rovinate. Mi dica lei cosa vuole fare. Il tempo c'è per ogni macchina, i pezzi io non sapevo che arrivavano una settimana fa. In tutto questo tempo l'auto è stata ferma per i pezzi che ha fatto arrivare. Giustamente devo finire i lavori che avevo già incominciato. In questi giorni la metto sul ponte perché non mi ricordo cosa serviva, in teoria mancavano solo le valvole. Se vuole farla fare da un'altra parte non c'è nessuno problema. Mi faccia sapere come vuole procedere. Grazie»

Ho un filmato dell'auto con il motore acceso nonostante il volano rovinato, faticava, ma si avviava, inizio a pensare che il comportamento di Abde non sia solo incompetenza; gli scrivo il 09/03/2018, oramai sono mesi che ha l'auto bloccata nella sua autofficina e gli comunico che la faccio portare in un'altra autofficina tramite il carro attrezzi, mi risponde subito.

Abde «Buongiorno, Va bene, le rimonto i ricambi che c'erano su prima. Ma al ritiro della macchina chi paga il lavoro?», Abde mi chiede la somma di euro quattrocento per il montaggio e lo smontaggio del volano, ed il deposito di otto mesi presso la propria autofficina, senza dare alcuna spiegazione di questo assurdo comportamento. Quale meccanico ti chiede i soldi per il lavoro, ma smonta e rimonta i pezzi rotti prima di riconsegnarti l'auto? Scrivo ad Alberto, il marito di Michy comunicando l'anomalo comportamento di Abde e delle sue richieste, gli comunico che mi sono informato e avrei sporto denuncia se non mi fosse stato restituito il veicolo che non era mai stato riparato. Non appena visualizzo la lettura del messaggio WhatsApp sul telefono di Alberto, mi telefona la moglie, Micky asserisce che non devo denunciare Abde, che con le denunce non si risolve mai nulla ed alla mia lamentela in relazione ai danni fattomi da Abde, Micky si comporta come se lei ed il marito fossero soci dell'autofficina. Micky sostiene che «Abde lo ha fatto per me, per farmi capire che l'auto è da rottamare», quindi secondo Michy, Abde ha spaccato la meccanica del veicolo per farmi un favore. Mi reco presso questo Abde il sedici marzo, trovo la mia auto su un ponte esterno, mi ha smontato la testata e diversi componenti dell'autovettura sono asportati e lasciati sotto le intemperie, tra cui il volano. Capisco perché si è arrugginito; quando arrivo in officina, sono le nove e cinquanta: c'è Alberto davanti al pc dell'ufficio, lo vedo in lontananza e la cosa mi stupisce, non essendo un tecnico di computer, anzi, "ci capisce poco" come mi disse lui in passato; fa finta di non vedermi, sale sulla Citroen tre porte della moglie e va via improvvisamente dall'uscita principale mentre Abde mi fa percorrere la parte sinistra dove vi sono i parcheggi ed il ponte esterno, pensando che io non veda Alberto. L'atto mi puzza di sabotaggio, uno show di un danno fattomi apposta. Porto l'auto da un altro meccanico ed emerge che l'autovettura era stata particolarmente danneggiata sia nel motore che in altre parti, data la situazione potrebbero ravvisarsi i seguenti reati in associazione: truffa aggravata, danneggiamento, intestazione fittizia di beni e società. Mi chiedo le motivazioni del gesto; cerco le recensioni di Abde su Google e sono pessime. Sembra che sia un suo classico spaccare auto e chiedere soldi, inoltre l'uso del suo avvocato appare un deterrente per non incorrere in denunce penali, oltre a non pagare i risarcimenti. Nonostante questo, non quadra il motivo per cui mi ha tenuto l'auto ferma per otto mesi nella sua officina, non mi ha fatto il lavoro e mi ha anche distrutto la testata. Iniziano a venirmi in mente le conversazioni con Michela: lei e la sorella hanno o, meglio, avevano un immobile in città alta di proprietà della madre novantenne. Alla morte di questa l'immobile sarebbe divenuto di loro proprietà. Il defunto cognato è morto facendo dei danni, incendiando un locale a lui locato per frodare l'assicurazione e quindi i creditori avrebbero potuto rivalersi sull'immobile a breve; vendendolo a [MaBo] hanno evitato questo problema, ma in teoria potrebbero avere ancora problemi, il pignoramento dei soldi, indagini ed imputazioni per quella che potrebbe essere considerata una vendita strumentale o una simulazione. Però, se tu dimostri di essere in un certo sodalizio, le indagini vengono insabbiate. Ora capisco perché continuava a parlarmi della vendita come se si dovesse giustificare. Michela mi ha informato che la sorella lavora nell'anagrafe del comune di bergamo, qualche mese fa ho chiamato e mi hanno detto che mi hanno revocato la residenza per irreperibilità.

Appare un clientelismo di tipo mafioso, dove danneggiando la vittima designata, ci si mostra parte del sistema.

Quest'anno ho avuto l'ennesima conferma di come in questa città facciano di tutto per lavarsi la faccia, in aprile lo scrittore Roberto Saviano è stato ospite al teatro Donizetti, un invito da parte del sindaco Gori finalizzato a cancellare la sua ramanzina su bergamo; nell'articolo del corriere bergamo è scritto: L'etichetta della Bergamasca "Terra d'omertà e di complicità" appioppata da Saviano su Repubblica non era andata giù a parecchi, sindaco Gori in primis che chiarì fin da subito come l'aver dato i natali a un bandito non fosse ragione sufficiente per tacciare così un intero territorio; durante lo spettacolo Saviano saluta, sorride: «È bellissimo essere qui, ci legano le due città, la mia, la vostra; il cemento, gli edili casertani e bergamaschi hanno costruito l'Italia»; sul titolo del servizio scrivono: Saviano si riappacifica con bergamo «Avete costruito l'Italia». Penso al fatto che il sindaco sia del PD ed a quello che si dice e si legge su PD e magistratura; quindi, Saviano che ottiene copie degli atti giudiziari necessari a scrivere i suoi libri grazie alle concessioni da parte delle toghe non poteva rifiutare l'invito; è comunque un privilegiato, se non fosse stato un personaggio pubblico che lucida l'immagine della magistratura; da bergamo sarebbe partita una macchina del fango che non si può immaginare, un'onda che lo avrebbe travolto.

# IV

## PISO E LA SPACCIANZA DEI MILLE

Il miserabile, ogni qual volta ha il tempo
di pensare, si fa piccolo davanti alla
legge e meschino davanti alla società; si
getta bocconi, supplica e cerca di toccare
il tasto della compassione. Si sente che
sa d'aver torto.
(Victor Hugo, I miserabili, 1862)

Me ne devo andare da via paleocapa, la mia coinquilina ritorna nel suo paese d'origine ed io non ho trovato una sostituta, quindi devo lasciare l'appartamento. Piso mi propone una stanza in affitto, lo conosco da poco, recentemente gli ho acquistato un furgone, è il fratello di un comune amico con Annagiulia, Bruce e/o Nisio, ma io lo chiamo Bruce, questi due fratelli hanno una grande casa in città alta ereditata dal nonno che è stata convertita in un B&B, gestito da Piso. Bruce invece fa il consulente finanziario, i due a malapena si parlano e con loro vive la nonna novantenne, che ha una predilezione per Piso.

Sono all'esterno della grande casa dei due fratelli e della nonna, mi arriva un messaggio su Facebook messenger:

Madison Vaspari «Non riesco a dimenticarti»

Mi ricordo questo account, una volta si chiamava Elizabeth Vaspari, non avevo rimosso dagli amici questo finto account di Laura, ora ha messo nel profilo una foto di Paris Hilton, lo creò quando viveva a Roma.

M «Io non voglio dimenticarti Laura», mentre lo scrivo penso che anche lei faccia una vita di merda, nascondendosi tra i selfie e gli aperitivi con le amiche, non capisco perché mi scriva, intendo, non è mai stata una coraggiosa, ma non è da lei scrivere direttamente anche dietro un account finto. Dopo qualche messaggio, come volevasi dimostrare il suo essere bergamasca, torna sempre a galla «forse sono laura..., Non solo laura, ti ho scritto perché ero ubriaca»; l'account lo ha aperto usando una mail straniera: @gmx. Mi spazientisco davanti a questo suo modo di fare, pubblico su questo suo profilo la frase: L'amore è per i coraggiosi, tutto il resto è coppia, spero di vederti presto in coppia così fai contente le tue amiche. A seguito di questo messaggio mi bloccherà con quel suo profilo, una conferma che sa di essere nel torto. In questi giorni un quotidiano ha pubblicato un articolo secondo cui in Italia solo il quattordici per cento delle donne che si sposano sono innamorate;

non mi stupisce la notizia, pensavo comunque ad una percentuale maggiore.

Qui, nella casa di Nisio e fratello c'è un continuo via vai di gente, Piso di fatto come primo lavoro spaccia, poi affitta il B&B ed un altro salone della casa per feste private. Piso mi ha affittato una stanza nella parte privata della casa, non può affittare quella stanza come B&B perché ha solo una finestra Velux sul tetto, a me va bene, ho tutte le mie cose nel garage vicino al Bar Alina. La situazione che si è venuta a creare è proprio quella a cui avevo pensato. Poche cose in una stanza ed il resto in un garage, posso traslocare in un giorno se gli eventi me lo impongo, devo viaggiare leggero. Mentre sono lì conosco Ager, va lì a rifornirsi ed incontro nuovamente Bonny, ovviamente è lì per rifornirsi di droga anche lui; Piso, nel suo delirio di onnipotenza ha manipolato la nonna novantenne affinché si inventasse maltrattamenti psicologici da Nisio perché questo intralciava il suo spacciare e fare feste abusive in una sala della casa. Ha anche trovato dei falsi testimoni e vuole che lo faccia anch'io, mi sono rifiutato e poi me ne sono andato, vista la situazione... che miserabile, continuava ad andare dalla nonna a dirgli «Devi chiamare il Porcaro e dirgli che [Nisio] ti maltratta, hai capito? gli dici così, io non posso per l'erba».

Ciao Piso, ti si addice questa città, magari se per puro caso la magistratura non si comporterà nel solito modo verrà fuori il vero volto di bergamo.

Ager, mi invita a pranzare con lui al circolino basso, poi andiamo a casa sua, deve portare via alcune cose, a breve deve lasciare quell'appartamento, mentre facciamo due chiacchere, mi spiega i suoi problemi con la giustizia, ha anche avuto problemi di droga e alcool, io gli spiego i miei problemi per aver denunciato la escort, gli fornisco alcuni dettagli.

M «Sai che, quando mi hanno arrestato ho riconosciuto il poliziotto che mi ha preso le impronte ed anche quello ciccione che mi ha minacciato? Dopo che si è chiuso con loro in ufficio il maresciallo di Chiavenna, mi sono spariti i documenti, mi hanno poi detto di aver ritrovato la patente a Sondrio, ma non me l'hanno riportata; dopo quasi un anno me l'ha data l'avvocato quando oramai c'era quella nuova. Per fortuna avevo le scansioni a colori dei documenti, altrimenti, suppongo, finivo in carcere»

Ager «Sai che il direttore del carcere (Dott. Porcino) è amico del Maresciallo?»

M «Di Porcaro intendi?»

Ager «Sì, sono amici, ne sono sicuro, sono stato al Gleno (il carcere di bergamo si trova in via Gleno e viene chiamato così)»

M «Non lo sapevo, ora si spiega tutto»

M «Sai che invece circa due anni fa nel duemila-quindici ho conosciuto uno che mi ha detto che andava a comprare le panette di fumo da Gambirasio, il carabiniere che si è sparato in testa, pensavo fosse parente di Yara Gambirasio, ma non c'entra nulla»

Ager «Anche quello è amico del Porcaro»

M «Quello che si è sparato in testa?»

Ager «Si, lui e Porcaro sono amici da tanto tempo, Porcaro una volta era lì a Zogno»

M «Porcaro a Zogno?»

Ager «Te non sei di bergamo Marchi? (intende Marchino), non sai le cose»

M sorrido «Sì, infatti, non mi sono mai integrato»

Ager «Ah, non sei di bergamo te? Infatti, non hai l'accento di bergamo, di dove sei?»

M «Ah no, non sono originario di bergamo, sono nato a Catanzaro, purtroppo un po' di accento di bergamo lo ho, quando dico foto, moto, doccia, me lo hanno fatto notare»

Ager «Ahahah, ma non hai l'accento del sud? Hai fatto qui le scuole?»

M «Si, le ho fatte al nord, la prima elementare a Brugherio, poi le altre in provincia di bergamo»

Ager «In che senso le altre» ride

M «Ho cambiato le elementari quattro volte»

Ager «Ma perché, i tuoi si spostavano per lavoro?»

M «No, ero in affido famigliare»

Ager «Perché eri in affido?»

M «I miei sono due bastardi, mia mamma mi ha abbandonato quando facevo l'asilo e mio padre è un bastardo come lei»

Ager «Non lo sapevo Marchi, mi dispiace»

M «Tranquillo, fa nulla, bergamo comunque non mi è mai piaciuta, una delle cose che odio di questa città è che quando tu fai un favore, come prestare dei soldi, poi vanno in giro a dire che sono stati loro ad aiutare te»

Ager «Ma, sì, ma, né, anche a me dà fastidio, tu presti i soldi, non dici nulla e vanno a dire in giro che sono loro che li hanno dati a te»

M «Poi questa è una città di sfruttatori, la gente spesso non ti paga quando gli fai un lavoro e poi va in giro a dire cose false su di te, si inventa che ti ha aiutato, ma invece ti ha truffato o sfruttato»

Ager «Eh, sì Marchi (marchino) bergamo è così»

M «Sai quante volte, appena sapevano che non ho i genitori o capivano che situazione avevo a casa, intendo che mio padre mi maltrattava, tentavano di sfruttarmi, mi proponevano di fare da amministratore di loro società, tutti a tentare di approfittarne, poi andavano in giro a dire cose come "l'ho levato dalla strada" o similari»

Ager «Mi dispiace Marchi, qui è così» sorride come a dire: qui funziona in questo modo e non si può fare nulla, un'espressione che sembra dirmi che, se si vuole vivere in questa città bisogna rassegnarsi a questo sistema.

M «Comunque, anche con le ragazze qui non mi trovo, prima di uscire con te devono controllare se hai amicizie comuni, difficile che vengano la prima sera a casa con te, a volte anche tipe che ti danno il numero, poi ti dicono «Ma non posso prendere un caffè con tè perché non ti conosco»

Ager «Eh, sì marchi, qui è così, sai che una cosa che mi è piaciuta della mia tipa è che lei è venuta a casa mia la prima sera, poi ci siamo messi insieme»

M «Non è bergamasca?!»

Ager «No, di origini non è bergamasca»

Appena Ager sparisce, Piso mi chiama, mi dice che gli devo dare altri mille cinquecento euro per il furgone che gli ho comprato, lui ragiona così, siccome deve ammortizzare la perdita del mancato incasso degli stupefacenti, deve trovare qualcuno da truffare ed estorcere, si sente in diritto di farlo essendo coperto dalle divise sporche.

Ager che fine ha fatto? la polizia lo cerca, ha distrutto casa di sua madre mentre era ubriaco e poi è scappato, mi viene in mente un discorso tra me ed Ager; gli raccontai che avevo conosciuto un ultras dell'atalanta orfano di padre, il quale mi raccontò che era stato molestato da suo zio, il fratello della madre, che le forze dell'ordine non avevano fatto nulla e lui amava andare allo stadio per sfidare anche con violenza la polizia. Iniziò a bere e drogarsi. Quel giorno Ager mi raccontò che anche lui conosceva uno che era stato molestato da un suo zio, ma stette sul vago, non compresi se era di lui che mi parlava; è orfano di padre; penso mi sia venuto in mente quello che mi disse, perché la maggior parte delle persone per affrontare il trauma fa uso di droghe ed alcool. Tutto ciò serve a calmare il dolore ed i vari sintomi, una sorta di anestetico, lo sentirò tramite Facebook messenger qualche mese dopo, sarà a

Lima (Perù), lì ha rischiato l'overdose ed è stato ricoverato in ospedale, lo arresteranno poi in Spagna.

Incontro Bonny in centro, mi invita per un caffè dai suoi prima della Befana, la madre è dispiaciuta perché non sono andato a Natale ed è un po' incazzata con Gabriela; sanno che io ho problemi con molti corrotti in divisa e devo essere silenzioso, sempre carini con me, li saluto; Bonny mi chiede se l'indomani posso passare a prenderlo a casa sua in ponteranica (bg), mi manderà un messaggio dopo a conferma. Arrivano le diciannove e trenta, non mi scrive, non posso perdere tempo con lui che è in giro a spacciare per il Piso, alle diciannove e quarantasei gli scrivo in WhatsApp:
M «Domani ti vengo a prendere?»
Bonny «Ti dico dopo»

Non mi fa più sapere nulla, continuo a lavorare al pc e poi vado a dormire, la mattina dopo mi sveglio alle otto, alle nove e diciotto mi manda alcuni messaggi:

Bonny «Oi»

Bonny «Vengo giù io»

Bonny «Ci vediamo alla .15 dai miei»

Bonny «12.15»

Arrivo davanti casa dei suoi e sale sul furgone, mi chiede un passaggio in via locatelli, mi dice che il Piso mi vuole vedere, spiego a Bonny che io gli ho pagato quel furgone scassato ben duemila e cinquecento euro perché ero a piedi per colpa dell'autofficina Abde; io non c'entro nulla con i suoi fatti con Ager. Bonny mi risponde che questo ha alzato il prezzo della merce in conto vendita anche a lui ed agli altri pusher che si riforniscono da Piso, per ammortizzare la perdita dei soldi da parte di Ager. Bonny scende ad altezza delle poste centrali di via locatelli, lo saluto e se scende lì, presumo debba andare in città alta a rifornirsi, la risposta non tarda ad arrivare, squilla il telefono, è Bonny, rispondo; non è la voce di Bonny, è il Piso che urla «Il Bonny mi ha detto che non mi vuoi pagare il furgone, vieni qui, te lo dico calmo, ti aspetto», rispondo con un «Va bene, ciao», un altro stronzo ridicolo che ti invita a casa sua per minacciarti, il motivo per cui si crede il boss, potete chiederlo ai carabinieri.

Passa qualche giorno ed il Bonny non si fa sentire, gli mando un messaggio WhatsApp, ma non lo riceve, gli scrivo il giorno dopo è l'11/01/2018:

M «We, sei vivo?» nessuna risposta, penso che abbia avuto un incidente, scrivo a Gabriela.

Gabriela «[Bonny] non c'è più»

M «Morto?» penso si sia fatto davvero male

Gabriela «No, arrestato»

Le chiedo di vederla, accetta, mi spiega che è stato arrestato, c'è anche un articolo sul corriere bergamo del dieci gennaio, trovo l'articolo, decido di fare una riunione con Gabriela ed i suoi coinquilini, qualcosa non mi quadra, Gabriela racconta che, quando lo hanno fermato hanno poi perquisito casa dove lei vive con Bonny e le hanno detto che c'è stata una soffiata; io la vedo in altro modo. Hanno intercettato delle mie conversazioni col Piso e con altri, quindi per non arrestare il Piso hanno arrestato il Bonny, potrebbero aver iniziato ad indagarmi ed intercettarmi con indizi falsi ed avranno ascoltato tutto delle mie lamentele sui modi e le estorsioni del Piso; questo non deve essere arrestato: se accadesse, oltre a dire ad un eventuale giudice tutti i cazzi del maresciallo, ha anche un ottimo rapporto col suocero di questo, quindi la compagna del maresciallo potrebbe sapersi la più cornuta della città.

# VI

## IL MESSAGGIO DI FABRI

L'uomo utilizza l'ipocrisia forse
più per ingannare sé stesso che
per ingannare gli altri.
(Jaime Balmes, Il criterio, 1845)

Novembre duemila-diciassette, mi
arriva una richiesta d'amicizia in
Facebook, Fabrizio Radaelli. Fabri ha
un nuovo account oppure è una truffa?
Confermo l'amicizia e gli scrivo in
messenger. You're friends on
Facebook.
M «Chi sei? Radaelli ha un altro
profilo»
Fabrizio Radaelli —26/11/17,
6:41 PM— «É il mio nuovo profilo»

Non gli rispondo subito, devo trovare il modo di accumulare prove, attendo qualche giorno.

M 02/12/17, 4:54 PM «Perché mi hai aggiunto? Devi rintracciarmi e colpirmi al fegato o ai reni per il maresciallo?»

Fabrizio Radaelli 02/12/17 9:17 PM «Assolutamente no no no, ho solo il desiderio di vederti e nell'occasione di proporti una mega star tap (start up, ndr), fidati non ti farei mai un torto, abbiamo condiviso dei bei e brutti momenti, ma la mia stima e l'amicizia non sarà' mai meno credimi dammi solo 30 min del tuo tempo per rivederti e abbracciarti carobamico (caro amico, ndr) 🙂 🙂 🙂 guarda [link omesso]»

M 02/12/17, 10:30 PM «Non mi faresti mai un torto? La questione Frida ed i corrotti in divisa la ricordi?

I tentativi di farmi incontrare privatamente col maresciallo? I colpi al fegato ed ai reni?»

Non risponde, la comunicazione termina lì, tipico dei servi dei corrotti. Ricordo che una volta, mentre Fabri tentava di colpirmi al fegato con la mano dritta, interrompendomi mentre gli stavo parlando male di lui e del maresciallo, al secondo colpo inflittomi, spazientito gli diedi una spallata e cadde a terra rannicchiandosi, gli diedi qualche calcio sulla coscia sinistra, non molto forte perché i miei muscoli andavano in freezing. Inizio a supplicare «No, dai, ti prego non mi picchiare», mi fermai e Fabri si rialzò di colpo, mi diede a tradimento un leggero colpo al fegato mi disse «Sega, sei una sega» e uscì di fretta dalla porta, uno statale mancato; non è un caso se provieni dal paese dove una decina di preadolescenti hanno dichiarato di aver visto uscire dalla palestra con le sue gambe ed in salute una loro compagna che dalla palestra in piedi non ci è mai uscita. I genitori di queste ragazze saranno persone serve del sistema omertoso come te. Tu ti mettevi alle mie spalle ad ore cinque, colpendomi al rene per interrompermi mentre parlavo, e quando riuscivi ad interrompere il mio discorso, poi ridevi perché mi avevi chiuso la bocca sulle porcate del maresciallo e dicevi «Hai visto il Fabrizio» e quando ti guardavo iracondo, mi ricordavi «tu non devi reagire col Fabrizio, il Fabrizio», ridendo, tronfio di essere il fedele cane dei corrotti, proprio come il V era il fedele cane dei suoi addestratori. Ti ritieni un duro, il guerriero delle divise a cui sei colluso riflette la città, il tuo concetto di guerriero è paragonabile al concetto di essere riservati dei genitori delle compagne di palestra di Yara, come scrissero alcuni media anni fa "al sud si chiama omertà al nord: riservatezza", una visione distopica e rovesciata dei termini che spiega l'ambiente della città dei mille. Un sistema chiuso e corazzato di abuso e omertà che per ora non si riesce a penetrare.

Io sono politicamente a destra, non ho simpatia per i comunisti, ma essere di destra non significa essere ottusi, questo è un paese senza mezze misure, dove quando sei circondato dalla merda devi tapparti il naso e dire che la merda non c'è e non si sente nessun tanfo. Il caso specifico fa comprendere perché basta una scintilla perché vi siano rivolte contro polizia e carabinieri, il tutto perché i media non vogliono ammettere il palese marcio, l'inattendibilità della parola di una divisa, il fatto che si veda che sono dei mafiosi, nonostante si presentino con le medaglie esposte, le quali fanno capire che più insabbiano, più si prendono premi e siamo tutti saturi della loro falsa propaganda sul loro eroismo nonché del fatto che alzano la voce e ti interrompono mentre parli e urlano una delle loro bugie spaziali. Appena contraddici un sottufficiale che fa soprusi, i sottoposti iniziano a ripetere mettendosi sull'attenti: «Maresciallo, Maresciallo, Maresciallo» e questo sogghigna davanti all'intimidazione fatta con lo stratagemma. I personaggi di cui racconto in questo libro fanno emergere chi sono coloro che sostengono il marcio e la corruzione ed il loro livello umano, orgogliosi di quanto sono vermi e di mettersi sull'attenti salutando un corrotto in divisa per poter godere dell'aiuto in caso di bisogno. Né i media di destra e né di sinistra ammettono che la maggior parte delle divise italiane si comportano come i papponi che sfruttano le schiave sessuali nei bordelli e la magistratura sopprime il malcontento con condanne al cittadino che denuncia ed assoluzioni alla divisa che delinque. Uno dei motivi per cui in Italia la legittima difesa è spesso punita serve al sistema. Ti è vietato difenderti, se vuoi sperare di non essere vittima indifesa dei delinquenti, devi subire sottomissione ed esprimere riverenza. Penso al fatto che Fabrizio in una delle sue chiamate mi ha detto che uno psichiatra gli ha diagnosticato un bipolarismo. Nonostante questo, ha ancora il porto d'armi e la pistola, anzi più di una e se sparasse a qualcuno per scopi illeciti, il maresciallo a cui rivolgersi per un insabbiamento ed il giudice colluso, li avrebbe a disposizione e negli atti del tribunale verrebbero scritte situazioni che sfidano le barzellette sui carabinieri.

In fin dei conti, cosa ti aspetti da uno che ti può torturare e davanti alle tue lamentele, ti dice «ma perché fai così?» con la tipica voce di quei venditori, soprattutto nell'immobiliare, che ti hanno rifilato una sola, denota il livello, sia dei maestri, che degli allievi della miserabilità di stato. Il fatto che si provi ribrezzo nei confronti delle cosiddette forze dell'ordine è segno del malcontento dovuto al loro comportamento. Ovvio che loro tramite i media propagandino l'opposto: ciò rispecchia l'abuso famigliare, che è una microforma di dittatura, dove il tiranno è sempre il "troppo bravo" e l'oppresso quello cattivo che "non ubbidisce".

Fabri in diverse occasioni mi ha detto di fargli sapere se avessi organizzato un incontro con Frida e amici per "chiarire la situazione", cosa che lui desiderava ardentemente per poter riferire il suo servizio al Maresciallo. Sicuramente se mi fossi incontrato con i cugini di Edo, magari armati, lui, sapendolo, mi avrebbe assillato per venire con me dicendo che lo faceva per aiutarmi; un aiuto che non potevo rifiutare, dato che avrebbe saputo da altri dove mi sarei dovuto incontrare, ed in quell'occasione si sarebbe messo alle mie spalle, colpendomi con la mano ad uncino a raffica ai reni aiutando la controparte e se questi mi avessero eliminato, Fabrizio avrebbe detto che io ero dalla parte del torto, che ero stato io ad aggredirli. Provate a chiedere a Fabrizio di giurare sui suoi figli se questo non è uno dei suoi metodi di agire e se questi metodi non sono quelli che vengono insegnati dagli amici in divisa.

In fin dei conti cosa hanno dichiarato i tre agenti che hanno ucciso Federico Aldrovandi? Lo stavano aiutando. Anche il questore ha sostenuto la tesi degli agenti. Come se si sparasse in testa ad un agente corrotto dicendo che lo si è fatto per il suo bene e quindi lo stato deve pagare il servizio e darti una medaglia. Invece se a loro o ai loro servi fai un graffio ti condannano anche senza prove.

È così che spesso si comportano le divise rosse, iniziano facendo una piccola intimidazione «sei un bravo ragazzo, non denunciare», che sarebbe a dire, taci sull'abuso di potere, sottomettiti, quando lo farai, riceverai approvazione, complimenti, quello che scientificamente è una forma di manipolazione.

Chi ha vissuto situazioni di abuso famigliare, è un privilegiato, poiché può comprendere queste dinamiche… soprattutto se hai avuto uno zio ex poliziotto che dice «Hai visto che con me non gliela fai?» inteso che è fisicamente più forte lui, ma tu gli rispondi «Allora, facciamo che io posso reagire, tanto se sei più forte tu» ti senti rispondere «Eh, mica so scemo, è questo il bello, io a te posso e tu a me no, mica so' scemo, so(no) stato in polizia, allora me fai questo favore a me o glie' (gli) dico a tuo padre di spezzarti le ossa; poi che fai? dove vai? (inteso che mi buttava fuori casa, in strada, una volta il V cambiò la serratura perché il sindacato non gli dava i miei assegni con la firma falsa di Bolone sulla ricevuta)». Io risposi «Allora, vedi che non sei più forte te», all'apparir del vero lo zio si mise ad urlare «Eh, hai sempre ragione te!!! Io t'ho rovinato, io t'ho rovinato», un'altra volta lo afferrai per le braccia all'altezza dei bicipiti ed iniziai a scuoterlo ed iniziò ad urlare come se lo stessi sgozzando, quando smisi dopo meno di dieci secondi, continuò a dire «te rendi conto de che me stavi a fare a me, te rendi conto, te non puoi, io so'(sono) stato in polizia».

Normalmente questo è il comportamento delle divise sporche: appena vengono contraddetti rivendicando le proprie ragioni o si mettono di fronte ad un test di realtà, questo irrita il loro ego, lo vedono come una sorta di lesa maestà contraddire la loro tirannica favola. Esercitare il diritto di difesa ha raggiunto il suo obiettivo.

Il V quando non mi colpiva al fegato, pancreas o reni, in diverse occasioni mi minacciava con un'ascia, mentre lo zio era molesto e mi "massaggiava" le costole sfregandomi sul corpo dalla parte in metallo senza lama dell'ascia, dicendo in continuazione: «Eh, permettiti, permettiti stupido pezz'e merda» intendendo che non dovevo permettermi di reagire, poi guardava lo zio per sapere se avesse fatto giusto. In alcune occasioni il V entrò in camera mia mentre ero al computer, cercando di minacciarmi su istigazione dello zio, che voleva andare oltre le molestie, ma non riusciva e non poteva/voleva farlo di fronte al V, gli chiedeva "il favore di minacciarmi". Quindi, in diverse occasioni il V entrò in camera con o senza ascia, pensando dentro di sé «Hai capito lo devi ascoltare tuo padre, fai l'uomo come tuo padre, non devi reagire con tuo zio como che non sei uomo come tuo padre, se reagisci ti brucio tutto e niente scuola. Hai visto che uomo tuo padre?!», intendendo che il comportamento di minaccia ed estorsione era un comportamento eroico, insomma lo stesso parametro che hanno molte divise italiane. Io mi fermai dallo scrivere al computer e gli dissi «Io ho la tua carta di credito, tu non la sai usare, se mi bruci tutto, io vado e mi ricompro tutto, poi vado a dirlo ai servizi sociali e loro lo dicono al giudice, inoltre tu senza di me come fai che non sai leggere l'estratto conto della banca e ti fregano tutti? Come fai, dimmelo?». La sua aria da spaccone finì qualche secondo dopo le mie parole e si mise la mano destra sulla faccia come un bavaglio, nella sinistra teneva l'ascia in posizione non di attacco, come se la stesse trasportando e la mano era appena sotto la lama; il mio era un grosso bluff, in quanto Laura e Carmine dei servizi sociali erano conniventi e omertosi; ma il V, gli zii e compari erano così tonti che pensavano che ai servizi sociali importasse della mia sorte, non avevano capito che a questi non gli importava nulla di che fine avrei fatto, l'importante è che loro non apparissero negligenti e rischiassero un'azione penale a causa di questo.

In fin dei conti potrei dire che le divise rosse hanno l'animo del V e dello Zio Salvatore e complici, o forse viceversa.

Chissà perché una divisa che umilia e delinque non viene punita in pubblico, magari facendola camminare per la piazza del paesello, toccandosi i genitali e dicendo "sudicia troia colei che il cui buco, il succo di queste palle ingoia", già troia è la parola giusta, perché le puttane che lavorano in strada lo fanno per loro interesse o per guadagnarsi la libertà, mentre le cavalle dei marescialli sono dei veri cavalli di troia che allargano le gambe mettendo a disposizione i loro orifizi e chiedendo favori illeciti alle divise, soprattutto ai marescialli, ai comandanti di stazione. In tal modo mettono in crisi il sistema.

Ovviamente mai e poi mai i sottoposti del maresciallo denunceranno eventuali comportamenti illeciti, anzi li favoriranno e cercheranno a loro volta proseliti o donnette che si concedano esponendo i loro problemi di modo che questi si rivolgano al loro superiore come al signorotto feudale che vessa senza ritorsioni il servo della gleba.

Le divise amano il timore che incutono. Entrare in un negozio e vedere commesso e titolare sull'attenti e vendere un orologio, un paio di occhiali firmati o qualsiasi altro oggetto al prezzo di costo intimoriti da eventuali reazioni. Sentire commenti come: "bisogna tenerseli amici", come se stessero parlando di un mafioso del luogo, mi fa trasalire quanto il sorriso delle divise corrotte che sorridono davanti al timore reverenziale dei cittadini vittime. Lo sconto fatto è un pizzo pagato per paura di ritorsioni, non uno sconto che si fa volentieri, …perché rappresentano lo stato.

Non sopportano essere contraddetti nelle loro deliranti millanterie accusatorie, quando gli si risponde; a volte fanno una minaccia non troppo velata che inizia con un: "ma lo sa che io posso" e quanto tu gli rispondi che farai denunce si fermano, chiedono scusa, non vogliono lo scontro, loro vogliono una sottomissione incondizionata, il loro concetto di scontro è poter attaccare in nome della divisa che indossano e non incontrare nessuna resistenza, nemmeno passiva. Vogliono essere acclamati ed approvati mentre fanno le peggiori cose. Perennemente ridacchianti e tronfi della loro miseria interiore.

Quando fanno battute su eventuali imputazioni o condanne di chi li sta criticando, bisognerebbe essere obbligati a rispondere «intendete imputazione da somari ai quali non si dovrebbe affidare in custodia nemmeno il guinzaglio di un cane?». Bisognerebbe ricordare loro indagini come quelle di Rosa e Olindo Bazzi, Garlasco, il caso Yara-Bossetti e molti altri, persone che sono stati anni e decenni in carcere innocenti perché non si vuole ammettere l'incapacità e i limiti di chi indaga senza averne le competenze.

Sarebbe ora che l'ISTAT facesse dei sondaggi tramite web per fare una statistica degli abusi di potere rispetto alle azioni positive; si potrebbe fare un bilancio tra chi è degno della divisa e chi è un ladro e truffatore di professione e si prende i soldi e danneggia lo stato che lo paga ogni mese.

Nel libro Malapolizia di Adriano Chiarelli, in relazione all'illecito pestaggio del Ghanese Emmanuel Bonsu, questa è la dichiarazione Fatta dal loro sindacato tratta dal libro, in occasione dello sputtanamento dell'operato degli agenti sui media e alla luce del fatto che gli agenti incriminati si sono avvalsi della facoltà di non rispondere:

[...L'unica voce che si leva da parte del corpo di polizia è affidata a un comunicato stampa redatto dal SULPM, il Sindacato unitario lavoratori polizia municipale e firmato da Pier Paolo Contini, segretario territoriale del sindacato. Il comunicato viene diffuso il 16 novembre 2008, mentre lo scandalo è ormai travolgente:

Questa Segreteria territoriale vuole sottolineare che seppure il registro degli indagati presso le Procure delle repubbliche è un atto pubblico, quindi accessibile dai richiedenti, trova seriamente impropria, per la sicurezza dei colleghi indagati, la divulgazione dei nominativi, per intero, degli stessi a mezzo media. Attraverso internet, nei siti dei quotidiani e a mezzo stampa i loro nomi appaiono in bella vista. Il caso Bonsu appare una telenovela senza limite e fine per i media. Il caso tira e nessuna precauzione per le parti è lecita. Mancano solo le indicazioni delle residenze e dei domicili per dar adito a dei facinorosi a creare danni e problematiche di sicurezza ai colleghi.]

Peccato che, come i peggiori aguzzini, le divise rosse appena possono mettono nomi e cognomi e foto di indagati o arrestati grazie alle indagini somare e non sommarie.

Tutto ciò spiega perché non siamo affezionati alle nostre forze dell'ordine, nessuno se lo chiede in verità e nessuno vuole scrivere la verità, perché la verità dà fastidio, soprattutto il governo dei giudici non vuole ammettere che la loro mano armata è vista dai cittadini come un pappone ed i cittadini non collusi devono vendersi e sottomettersi ai loro soprusi, devono ridursi per compiacerli. Io non amo le manifestazioni comuniste e di sinistra in genere, ma quando ci sono le aggressioni contro caserme o altro, non posso negare che questo accade perché i delinquenti in divisa sono molti di più degli onesti. Inoltre, devono fare qualcosa di davvero grave per essere espulsi, solitamente vengono trasferiti, è come se ad uno spacciatore o ad un ladro gli si chiedesse di trasferirsi a trecento chilometri dal luogo del reato e continuare a fare" il suo lavoro" dandogli un sussidio statale.

Ecco perché alcuni personaggi criminali e diverse troie non subiscono mai imputazioni, perché le divise rosse li proteggono riconoscendoli come loro simili, altrettanto putridi e delinquenti, bisogna accanirsi su chi denuncia perché taccia. Come li chiameremmo questi personaggi se non fossero protetti da quel ruolo? Gli scemi del paese? E cosa li sentiremmo dire per sostenere le loro ridicole versioni dei fatti? Loro si difenderebbero accusandoci e direbbero che hanno ragione loro perché "noi non siamo come loro" oppure "com'è giusto è così?" oppure "non ti rendi conto di quello che sei…", vi darebbero dell'handicappato compiacendosi nella loro uniforme, alterando la realtà con il sorrisetto da ebeti analfabeti, a capo di un gruppetto di loro simili capaci solo di confermare teorie razziste e deliranti? Di fatto è lo stesso comportamento delle divise rosse.

# VII

## ALFREDO, ESEMPIO DI INTEGRAZIONE OMERTOSA

Le persone di poco carattere
conoscono solo due comportamenti: o
disprezzo o servilismo.
(Erica Jong, Fanny, 1980)

Prima di diagnosticarti depressione
o bassa autostima,
assicurati di non essere
semplicemente circondato da stronzi.
(William Gibson)

Nel duemila-quattordici, [MaBo], diede il mio numero ad un suo amico che necessitava di assistenza informatica, si chiama Alfredo, fa l'informatore farmaceutico, ha fatto il carabiniere di leva, faccio amicizia con lui. Nel duemila-diciotto, una sera sono a cena a casa sua, mi chiede perché guadagno poco dato che il lavoro lo faccio bene, gli spiego che i motivi sono diversi, lavoro il minimo per sopravvivere, devo prima risolvere il problema del disordine da stress (CPTS) ed ho la situazione col maresciallo che gli ho spiegato.

Alfredo «Ma dai, uno come te che guadagna mille euro al mese»

M «Anche meno, lavoro giusto perché devo lavorare per mantenermi, se potessi non lavorerei, devo prima curarmi, i soldi mi servono, ma per prima cosa devo risolvere la situazione sulla salute, poi ho la questione con il maresciallo ed i carabinieri, sono perseguitato» Alfredo non replica, essendo amico di [MaBo] frequenta città alta, conosce la reputazione del maresciallo e sa quello che succede.

Passa qualche settimana, Alfredo mi invita a casa sua, mentre attendiamo che sia pronta la cena, c'è la partita in TV, non sono interessato al calcio e leggo le news sul mio smartphone.

Alfredo «Vedi, se tu guadagnassi come un calciatore non avresti problemi con il maresciallo, te ne fregheresti»

M «Il mio problema è che, se vengono a sapere dove abito, prima accade come in città alta, appena esco di casa mi segue una pattuglia, poi faccio la fine del Cucchi della situazione (rif. a Stefano Cucchi), …il motivo per cui sono ancora vivo è perché non mi faccio trovare»

Alfredo «Tutte balle, te lo dico ioo…» colpendosi con le dita sul petto.

M «Ok, allora quando riuscirò ad andare in causa contro il maresciallo, ti cito come persona informata sui fatti, così vieni a ripetere queste cose in tribunale»

Alfredo «No, perché?» la faccia di Alfredo assume improvvisamente un'espressione preoccupata

M «Perché no? se sei convinto…»

Interviene la moglie Patrizia «Anche no...»

Nessuno prosegue nella conversazione, più avanti gli farò una battuta «Carabiniere una volta, carabiniere per sempre», sono stupito che alcune persone pensino che determinati modi di agire possano essere manipolatori e riuscire nell'intento.

Negli inviti successivi Alfredo inizia a dirmi che secondo lui, sono depresso, è una sua diagnosi, vuole che io vada da uno psichiatra di sua conoscenza, gli ho detto che ci sono già stato da uno psichiatra e questo mi aveva detto «Vai prima a vivere per conto tuo e poi torna» gli sembravo solo ansioso, inoltre ho fatto molta psicoterapia, il verdetto è CPTSD con tutti i problemi a strascico che si porta dietro. Dopo averglielo detto penso al fatto che la mia psicologa quando la rividi, mi disse che me la stavo cavando benissimo da solo. Alfredo insiste, andrò da questo psichiatra che lui conosce, tanto non cambia nulla.

Faccio questa seduta, mi fa le solite domande di rito: Lavoro, relazioni, sintomi; mi chiede se ho fatto altre terapie, gli do tutte le informazioni ed anche l'opinione della mia psicologa. Lo psichiatra non mi trova per nulla depresso, mi dice che l'origine dei miei disagi fisici è la tensione muscolare cronica. Conosco il concetto, il trauma crea tensione muscolare, se sciogli la tensione se ne va anche il trauma, ma non vivo certo in una situazione tranquilla e priva di stress.

Lamento al dottore del fatto che non riesco a dimagrire.

Psichiatra «Ma lei non è grasso, anz—»

Lo interrompo «Sì, ok, ok, intendo, non sono grasso, ma non riesco ad avere la definizione muscolare che vorrei, la bilancia segna che la massa grassa è alta e che sono disidratato, se mi alleno mi crescono i muscoli, ma vanno via subito, la tartaruga, intendo gli addominali vanno via in mezza giornata»

Mi informa che per allentare la tensione si possono usare dei farmaci, ma rifiuto, gli spiego la mia posizione sui farmaci, mi dice che ho ragione, ma lui non ha la bacchetta magica.

Psichiatra «Allora perché è venuto da me se non vuole dei farmaci?»

M «Ha insistito Alfredo»

Psichiatra «Ah, per un parere»

M «Sì»

Psichiatra «Va bene, se vuole mi può tenere come punto di riferimento»

M «Sì, sì grazie»

Psichiatra «Comunque, lei è una persona colta; io la penso come la mia collega»

M «In che senso?»

Psichiatra «lei se la cava benissimo da solo» sorride

Lo pago, lo saluto e me ne vado.

Passa qualche mese e sono nuovamente invitato a cena da Alfredo come altre volte durante l'anno; Sono al tavolo con lui alla mia destra e la moglie Patrizia di fronte a me.

Alfredo «Allora come va con il maresciallo?»

M «Come al solito, inoltre non sono ancora riuscito ad avere copia degli atti del procedimento»

Alfredo «Ma tu, non hai ancora capito, ti vai a mettere contro i carabinieri?!, quando i carabinieri ti fanno qualcosa tu gli chiedi scusa e loro si dimenticano di te!»

M «Non ho capito?! Stai dicendo che, se i carabinieri ti fanno un torto, intendo un abuso di potere, bisogna chiedergli scusa?!»

Alfredo «Si è così! Tu gli chiedi scusa e loro si dimenticano di te e ti lasciano stare, tanto a loro non li tocca mai nessuno»

M «Non è vero, è perché nessuno mai denuncia, guarda che fine hanno fatto i due carabinieri che hanno violentato le due americane, gli hanno tolto la divisa», peraltro, quando sentii la notizia della loro incriminazione, mi sono sempre chiesto se non vi siano altre donne violentate da questi due, che non hanno mai denunciato.

Alfredo «Mmm, mi sembra strano, a loro non li tocca mai nessuno»

M «Guarda su internet, li hanno cacciati dall'arma»

Alfredo «Non credo, non li tocca mai nessuno»

M «Ah sì, la pensi così?!»

Alfredo «Sì, è così, se vuoi vado a parlarci io col maresciallo» alza le mani in posizione di finta neutralità mentre lo dice, Patrizia continua a ridere piegandosi in avanti.

M «Facciamo così...» nel frattempo prendo in mano il cellulare «Tu lo ripeti ed io intanto ti filmo, poi lo metto su internet con il nome della Exipharma S.r.l (azienda di cui è socio) e vediamo»

Alfredo «No, ma perché?» con faccia preoccupata

Patrizia «Aspetta un momento (in dialetto bergamasco)»

M «Perché no? Anzi ne mando pure una copia a Ilaria Cucchi, la sorella di Stefano Cucchi...», cala il silenzio e si torna a cenare come se nulla fosse accaduto. Si guardano nello stesso modo in cui si guardavano Lella e Corry del caffè cittadella, come se volessero dirsi: "Non riusciamo a manipolarlo".

Alfredo vuole che faccia una visita da uno specialista di sua conoscenza, continua ad insistere, secondo lui, sono depresso, vado da questo specialista, un brav'uomo, specifico di non essere depresso, gli spiego anche che documentandomi ho pensato dati i sintomi che potrei avere il cortisolo alto, ma l'esame dà esito negativo.

Dottore «Ma hai fatto l'esame del cortisolo pomeridiano?»

M «No, ho chiesto l'esame e mi hanno fatto solo un prelievo la mattina»

Il dottore mi spiega che va misurato anche nel pomeriggio, che la depressione si può valutare da alcuni biomarker, inoltre, a seconda di come si è messi a livello di esami del sangue, una persona riesce a superare degli abusi subiti. Faccio questi esami, il dottore conferma che non sono depresso, nessun biomarker che induca a pensarlo, il problema del livello del cortisolo c'è, aumenta invece che diminuire durante il giorno e il dottore mi dice «È come se ti facessi una flebo di cortisone tutti i giorni». Questa notizia del cortisolo alto preoccupa, ecco il problema ad addormentarmi e i muscoli che catabolizzano in fretta. Lo ringrazio; uscito dallo studio medico ripeto ad Alfredo che, come gli dissi in più occasioni, non sono depresso, può chiedere al dottore. Non comprendo perché insiste; la notizia non gli fa piacere ed il modo in cui glielo dico, ancora meno.

# VIII

## SALUTO LA CITTÀ DEI MILLE
## CONTRASTI ONORATI

> Puoi nascondere il tuo volto dietro a un
> sorriso, ma c'è una cosa che non puoi
> nascondere è quanto sei marcio dentro.
> (John Lennon)

> Bella esperienza vivere nel terrore:
> in questo consiste essere uno schiavo
> (blade runner, dal monologo finale)

Non posso batterli nel loro territorio, in questa città il controllo delle divise rosse non solo è paragonabile al controllo di Corleone da parte degli uomini di Riina negli anni Novanta, ma hanno anche dalla loro parte avvocati e magistrati indegni.

Nel maggio duemila-diciotto lo scrittore Saviano sul suo canale Roberto Saviano Official pubblica una puntata intitolata: Antonio Pelle, 'ndrangheta boss Kings of Crime (CANALE NOVE). Saviano parla dell''ndrangheta, elenca la gerarchia, (min. 14), chi non fa parte dell'onorata società è definito contrasto, chi fa favori contrasto onorato, chi entra dopo il battesimo è picciotto d'onore, sopra ci sono i gradi di camorrista e sgarrista; in questa città si potrebbero anche definire Isp. Camorrista ed Isp. Capo sgarrista o Carabiniere camorrista e Maresciallo Camorrista, per rendere la situazione. Questa è la società minore, mi chiedo chi siano gli elementi della società maggiore, per ora ritengo che un giudice di pace ed un avvocato possano essere ritenuti quelli col grado di Santista. A bergamo dicono frasi come: «qui la mafia non esiste», forse non esiste la 'ndrangheta o Cosa Nostra, ma esiste una mafia definibile Cosa Rossa.

Questa città è plasmata con la mentalità di un piccolo paese dove nascono le mafie, ma l'omertà qui è più integrata, è un culto, appare la situazione al pari degli insetti che inghiottono il fungo cordyceps. Questo cresce al loro interno, ne vengono uccisi e diventano zombie, con la sola differenza che gli insetti lo inghiottono inconsapevolmente, mentre invece in questa città sono fieri di questa ibridazione e negano la metastasi del fungo dell'omertà. Come il Gioppino, la maschera che rappresenta questo luogo, nega che i tre gozzi siano la malattia del cretinismo, dicendo «È la troppa intelligenza che non ci stava nella testa ed è finita nel collo». Dal cretinismo al comunismo il passo è breve e gode di una reciprocità infinita.

Qui, inoltre, la chiesa si è potuta insidiare in modo così prepotente grazie alla mentalità ipocrita tipica del cattolicesimo che perdona qualsiasi cosa. Ho sentito avvocati lamentarsi che non si trovano magistrati quando il vescovo è a Gerusalemme, in quanto molti di loro vanno assieme al vescovo in pellegrinaggio: sarà un caso che per molti in affitto il canone di locazione è irrisorio poiché la proprietà è la chiesa. Tempo fa uscì un articolo di giornale su dei trilocali a prezzi di molto inferiori a quelli di mercato vicino alle poste centrali di bergamo.

Lavarsi l'anima è utile anche a ridurre l'onere dell'affitto in questa città a prescindere dal credo religioso ed etico.

Peraltro, se veramente la magistratura, che tanta prosopopea ha espresso nel caso Bossetti volesse veramente scoperchiare il crimine della città dei mille, gli basterebbe prendere un soggetto con Fabrizio e mentre lo filmano chiedergli di pronunciare la seguente frase: «Giuro sui miei figli che non so assolutamente nulla di un sistema mafioso creato da cittadini e divise, protetto da magistrati, a bergamo, dove, si può commettere ogni tipo di reato; sempre sui miei figli giuro che non è assolutamente vero che per essere servile a questo sistema, mi sono messo a disposizione colpendo al fegato ed ai reni con tutta la forza che avevo in corpo, grazie alle protezioni del maresciallo Porcaro, consapevole di essere un vero pusillanime, consapevole che il bersaglio non può reagire e che in caso di morte della vittima designata, il maresciallo ed i magistrati collusi sono in grado di insabbiare tutto».

Si scoprirebbe così che spesso divise sporche e i loro guitti godono nel colpire chi non può reagire e così possono millantare di essere dei combattenti e non dei miserabili, negando a loro stessi quello che sono.

Qualche avvocato vi dirà: «non si chiede ad un soggetto di giurare sulla vita dei suoi figli, ma solo di giurare di dire la verità», il retroscena che non vi svelano è che agli operatori delle forze dell'ordine e persone collegate, viene insegnato che mentire è doveroso se non vi sono prove e di questo comportamento si deve essere tronfi.

Quindi, domandatevi a che servono quegli interrogatori show commentati nelle trasmissioni TV, dove gli invitati davanti alle domande sceniche dei PM, dicono frasi come «Il PM esperto lo ha incastrato con quella domanda; la faccia che ha fatto l'imputato fa capire che è colpevole; lo ha messo all'angolo», ecc.

Mi sono sempre sentito come un'orca dentro un deserto di sabbia qui, un ambiente completamente sbagliato per me. È ora di chiudere, almeno fisicamente, con la città dei mille contrasti onorati.

## IX

## STRASCICHI DA URBALTA

Il male che facciamo non ci attira
tanto odio e persecuzioni quanto
le nostre buone qualità.
(Francois de La Rochefoucauld)

Ho appena accompagnato l'avv. Gino
alla stazione di Sesto S. Giovanni (MI),
stavamo parlando del fatto che sono
privo di residenza assoluta. In
precedenza, lui, davanti a me ha
chiamato il comune di bergamo e gli
hanno spiegato che sono dal duemila
undici senza residenza, dichiarato
irreperibile. Sul punto ovviamente c'è
lo zampino dei carabinieri della
caserma di città alta proprio perché ho
risposto al carabiniere Ceres «Io lì non
vengo perché ho denunciato l'amica

del maresciallo». Gino nei prossimi giorni valuterà il da farsi, lo vedo tutti i giorni, sto facendo dei lavori presso un suo cliente Angelo Fiaccabrino, qui Gino ha il suo ufficio ed io per ora ho una mia scrivania mentre faccio i lavori. É un ufficio discretamente grande, era la vecchia sede di telefono azzurro; Gino mi ha presentato il Fiaccabrino in qualità di commercialista dedito all'immobiliare, è emerso successivamente essere divenuto famoso alle cronache negli anni Novanta per il suo ruolo nella vicenda dell'autoparco di via Salomone in Milano.

Cammino dalla stazione verso la mia auto e guardo il telefono, è il 12/06/2018, sono le diciassette e trenta, vedo una chiamata persa da un numero fisso di bergamo, me ne sono andato da poco più di una settimana da quella città e qualcuno mi chiama da lì? Richiamo, è la polizia locale, il presidio di città alta, mi chiedono di identificarmi, la vigilessa mi comunica che era lei che ha telefonato perché deve farmi una notifica, dovrei passare dal loro presidio a ritirarla, gli spiego che non posso e preferirei riceverla a mezzo Pec, mi informano che non lo hanno mai fatto, ma sicuramente è possibile, devo però richiederlo io a mezzo Pec, mi comunica l'indirizzo di posta certificata e prendo nota, la ringrazio. Come lessi da qualche parte: "ogni problema è un'opportunità", non so quale sia la notifica, ma è un'ottima occasione, invio una Pec alla polizia locale di città alta e per conoscenza al PM Dott. Franco Bettini della procura di bergamo, colui che ha creato il procedimento che ha visto il record nazionale di carabinieri indagati.

– estratto dalla Pec inviata alla polizia locale –

"Premesso che in data 12/06/2018 alle h. 17:21 trovavo una chiamata persa al mio n. telefonico dal VS ufficio, richiamando mi veniva comunicata la necessità di inviarmi una notifica da parte del presidio in località città alta bergamo, mi accordavo col vostro ufficio per inviare comunicazione e-mail al fine di ricevere a mezzo Pec tale notifica.

Si richiede pertanto l'invio della notifica in oggetto al seguente indirizzo Pec: [omissis]

Si coglie inoltre l'occasione per dichiarare schematicamente quanto segue:

Il sottoscritto ha acquisito nell'anno 2006 la residenza presso la città di bergamo in via borgo canale, 15, in dodici anni non mi era mai pervenuta comunicazione o gradita chiamata dal vostro ufficio, quindi e opportuno comunicare quanto segue:

[…] racconto gli episodi di notifica da parte della caserma di via delle valli, di seriate ed ovviamente la chiamata da città alta […]

L'Italia in questi anni è stata investita da vari scandali, uno dei più famosa è stato quello del presidente Silvio Berlusconi, relativo ai Boonga Boonga, demonizzando l'imputato e tutto il suo entourage, tra le varie questioni c'era quella di aver spacciato una delle partecipanti alle feste per nipote di un Capo di Stato estero, senza tener conto che è stata salvata dall'essere locata in una comunità di accoglienza, che di fatto sono dei nuovi campi di prigionia.

Forse il nostro ex premier non ha avuto la fantasia che è stata usata nel P.P. (ndr, procedimento penale) [omissis] dove Frida è stata protetta da un gruppo di interforze appartenenti a più corpi delle FF.OO. e dove è stata qualificata come traduttrice italiano–albanese della GDF a bergamo, non dubito che possa essere brava nelle traduzioni orali, forse può essere anche assunta nella banda dell'arma a suonare il piffero, resta il fatto che nessuno scandalo e stato aperto per l'associazione atta a proteggerla, gli atti omessi, il permesso di soggiorno dubbio, inoltre Frida, classe 1983 è arrivata in Italia negli anni 1999/2000 a detta della stessa; È da chiarire quali giustificazioni siano state trovate per tutelare la stessa e trasformarla nel P.P. sopracitato da principale imputata a testimone a favore dei suoi amici, questa è stata esclusa da ogni indagine quando vi fu lo scandalo dei permessi di soggiorno rilasciati in questura in cambio di favori di qualsiasi tipo.

Oltre al sottoscritto vi erano due persone a conoscenza del profondo legame tra Frida ed una corrente deviata di appartenenti alle F.F.O.O., l'ex compagno di Frida, Luigi di Marco, conosciuto come Gigi, morto repentinamente per apparenti cause naturali un anno dopo aver vinto una causa contro la stessa ed il Sig. Cherchi Nicola indotto a denunciarmi al fine di avere una motivazione per farmi presentare nella caserma di città alta, dove devo ipotizzare sarei potuto scivolare dalle scale, anche quest'ultimo è morto pochi mesi dopo Gigi di Marco per cause Naturali.

Se il Processo Ruby del presidente Berlusconi si fosse svolto come il procedimento P.P. [omissis] avremmo visto:

- Richieste di tabulati telefonici del numero sbagliato
- Atti omessi

- Continue pressioni per la remissione della querela
  anche in sede di giudizio
- imputati che diventano testimoni
- Testimoni che vengono diffamati o intimati di tacere
- Avvocati che si rendono irreperibili
Tutto questo non dà un'organizzazione esterna allo stato, ma dentro lo stesso. (rectius, inteso tutto ciò non è stato fatto ed organizzato da un'organizzazione criminale esterna allo stato, ma da criminali dipendenti pubblici)
Si ringrazia quindi l'agente del vostro presidio per aver fatto il suo dovere anziché contribuire a questa oscena vicenda e nel caso finalmente si riaprisse, sarebbe opportuno non venisse gestito da nessuno degli organi inquirenti che lo hanno manipolato in passato.
bergamo, 17/06/2018"

– fine Pec inviata alla polizia locale –

Passa qualche giorno e ricevo una Pec dal comune, mi notificano una condanna a quattro mesi per essermi spacciato per un tecnico informatico (il mio lavoro, il consulente informatico); mi presento in cancelleria presso il tribunale per l'opposizione alla condanna, ma questa è stata cancellata, il giudice pretende la notifica di persona, mi contatteranno entro due settimane secondo il cancelliere. Non mi chiameranno più da città alta, né da bergamo. Nel frattempo, una notizia che mi mette il buonumore, è stato arrestato il dott. Porcino, il direttore del carcere di bergamo. Quando porto all'avv. di Maro l'articolo dicendogli «Gino, vedi com'è bergamo» sorride, ma non lo stupisce, in diverse occasioni mi ha detto «L'Italia non è uno Stato in cui si può ottenere giustizia», io penso che gli avvocati davanti al marcio della corruzione hanno pensato di sfruttarlo a loro vantaggio per guadagnare più soldi.

Ricevo una chiamata da un conoscente, mi informa che il furgone che avevo acquistato da Piso è sparito. L'avevo lasciato in una strada privata con alcune parti del motore smontate perché dovevo cambiarle prima di rivenderlo. Vado a verificare ed effettivamente è sparito, mi dicono che la zona è una zona soggetta a furti, la via è una via privata ed i mezzi possono stare anche non assicurati secondo le norme attuali. Vado a sporgere denuncia dai carabinieri di Monza; gli specifico «È vecchio, non è assicurato contro il furto, non mi importa molto del mezzo, lo avevo preso provvisoriamente in attesa che mi riparassero l'auto». Il carabiniere mi consiglia di andare in ACI-PRA a fare la pratica di perdita di possesso per qualsiasi evenienza. Passa una settimana, mi arrivano a casa in provincia di Monza delle raccomandate, il Piso mi ha denunciato dicendo che non gli ho pagato il furgone. Vuole vendicarsi del fatto che non ho ceduto alla sua estorsione e soprattutto perché non ho testimoniato il falso contro il fratello. Contatto l'avv. Di Maro (Gino) e glielo racconto, dice che se ne vuole occupare lui, mi dà appuntamento a Monza centro. Arrivo all'indirizzo prefissato, Corso Milano, 58, Monza, parcheggio, vado al bar dove mi è stato indicato ed incontro di Maro: con lui vi è anche un signore, mi dice che è un suo collega, l'avv. D'Achille, consegno a Gino la documentazione della multa, lui davanti a me la consegna al suo collega, mi dice che questi è più pratico di questioni relative a multe, sto zitto, mi ricorda la situazione con l'avv. Bocci due giorni prima dell'udienza.

Nel frattempo, gli chiedo se ha letto la copia dell'articolo relativo all'arresto del direttore del carcere di Bergamo, il dott. Porcino, ho una copia del quotidiano in auto.

Oltre un anno dopo avrò conferma che entrambi non hanno fatto nulla, proverò a scrivere delle e-mail ed una Pec all'avv. Roberto d'Achille (c.f. DCHRRT59C08Z103S, foro di Monza), ma nessuna risposta. In una delle e-mail di posta ordinaria (PEO) di Maro alias Gino mi risponderà facendo il finto tonto.

# X

# IL TENTACOLO MENEGHINO DI COSA ROSSA

> Non sono io a trovare i mostri… Direi
> che a volte sono loro a trovare me.
> Forse per loro il mostro sono io…
> (Dylan Dog)

> Quando il regime perde la speranza di
> vincere la guerra, può rivolgere tutte
> le forze contro il gruppo perseguitato
> (Abram de Swaan)

È agosto duemila diciotto, ho conosciuto Gianni a Milano tramite un avvocato, questo lavora in un bar in via Messina, è in restrizione di libertà per contraffazione, è sempre stato un commerciante di abbigliamento, uno dei motivi per cui si è preso delle condanne è perché crede di essere un expertise di moda in tutto, ha acquistato capi contraffatti convinto di acquistare originali e non si è voluto affidare ad expertise veri per controllare la genuinità della merce. Mi presta la sua auto per andare in centro a Milano, la mia è diesel e non può più circolare, mi dà dei soldi e mi chiede di portargli della spesa a casa, lui non farà a tempo a causa della restrizione oraria, mi manda la lista di cosa comprare a mezzo WhatsApp, è di origini calabresi, ma è nato in provincia di Milano, la situazione va avanti per diverso tempo.

Il 15/12/2018, sono le diciotto e trenta, passo da Gianni a portargli la spesa e a riprendermi il mio veicolo, quando sono davanti a casa sua ci sono anche i carabinieri, sono venuti a controllare se è a casa, uno di loro mi fa delle domande, mi chiede se sono un parente, gli spiego la situazione, mi chiede i documenti e mi rassicura che è un controllo di routine, risulta che ho delle notifiche da ritirare. Mi dicono di seguirli nella caserma di Cusano Milanino e mi chiedono dei miei rapporti con Gianni. Glieli spiego, sono nella sala d'aspetto; di fronte a me, ad un metro e mezzo c'è la guardiola, il carabiniere, un cordiale cinquantenne che mi ha appena fatto le domande sui rapporti con Gianni, se ne va in un altro ufficio a preparare le carte; il fattorino della pizza citofona alla caserma, gliel'ha ordinata il carabiniere donna che è di fronte a me nella guardiola interna. É affamata, si alza e va verso il fattorino, lo saluta calorosamente e lo ringrazia, rientra in caserma, nella guardiola, mentre sta mangiando la pizza, squilla il telefono che ha davanti e risponde.

Carabiniere donna «Ah, maresciallo, buonasera, da città alta» ascolta quello che ha da dire il maresciallo, sorrido e penso alle stronzate che starà dicendo il maresciallo corrotto; dieci minuti dopo torna il carabiniere sulla cinquantina con degli incartamenti, mi informa che il maresciallo che ha chiamato da città alta chiedeva dove farmi le notifiche, voleva un indirizzo. M «Le notifiche fatemele presso l'avv. Biagio di Maro (Gino) del foro di Monza», capiscono che non gli darò il mio domicilio che peraltro, di media, cambia ad ogni stagione e non per mio divertimento. Hanno anche compreso che vi era qualcosa di anomalo nelle domande del maresciallo. Mi fanno firmare dei fogli per l'elezione di domicilio, poi mi lasciano andare. Il maresciallo voleva un indirizzo dove poter promuovere un'azione illegale, non dove farmi le notifiche.

Il 02/01/2019 invierò una lunga lettera alla Procura di bergamo e ad altri fra cui il mio avvocato di Lodi che è in copia conoscenza, Emanuela A. P.

Questa il giorno dopo mi scrive un messaggio: «Lei deve stare tranquillo»; le rispondo un «ok». Non posso stare tranquillo, ho conosciuto questo avvocato perché mi hanno fatto un'imputazione basata su prove false: quando facevo compravendita di veicoli li ho sempre pagati tutti, ciò nonostante, è partito un procedimento perché quattro o cinque passaggi prima di me il compratore che pagava in differita non ha pagato il veicolo e hanno imputato tutti i venditori successivi nonostante i pagamenti regolari e tracciati. Malgrado ciò secondo lei, dovrei stare tranquillo.

Dopo la Pec alla procura di bergamo, devo lasciare l'appartamento dove vivo in provincia di Monza, lo stabile verrà messo all'asta. Tramite passa parola vengo a sapere che a Cologno Monzese affittano un seminterrato. Il proprietario è un certo Bonazza Franco, un realizzatore di mosaici in pensione: vuole un mese di affitto ed uno di cauzione, il seminterrato mi serve principalmente come ufficio, ma ci si può anche dormire. Dove sono ora, in provincia di Monza, è troppo scomoda. Come molti locatari il Bonazza si prende i soldi e torna con un contratto di comodato d'uso gratuito a un prezzo concordato, veramente grotteschi e miserabili la maggior parte dei piccoli locatari italiani. Mi mostra una valigia nel seminterrato, si tratta di grosso trolley su quattro ruote è mi informa che la precedente inquilina, una ragazza cinese, è andata via improvvisamente, senza motivo, lasciando lì tutti i suoi effetti personali. Bonazza poi fa la vittima e racconta che lui affitta il seminterrato perché ha la moglie malata e la deve curare, ha una malattia chiamata i corpi di Levine o nome similare, spende molto per curarla a suo dire. La malattia è vera, ma Bonazza è un bugiardo incallito, noto frequentatore di centri massaggi cinesi e a volte, sulle scale perde anche i foglietti con le sue annotazioni: Martina massaggia molto bene; credo di capire perché la precedente inquilina è scappata.

È il 06/03/2019 mi appare sul mio smartphone una notifica da parte del social LinkedIn, un messaggio da parte di Alfredo «Ciao Marco, dove abiti adesso?», il messaggio dopo qualche minuto viene cancellato dal mittente. Alfredo era venuto nell'appartamento dove abitavo in bergamo, non gli ho detto che me ne sono andato, la domanda quindi appare con finalità particolari. Di fatto non sono andato via subito dalla città, sono andato in affitto da un amico dei finanzieri che ha un negozietto vicino all'accademia della GDF. Questi affitta stanze senza contratto, senza ovviamente dirtelo o alla peggio ti ha registrato come ospite. Solo successivamente in modo repentino mi sono spostato nel monzese. Quindi, qualcuno mi è venuto a cercare in base ad informazioni date da Alfredo o da Johnny l'argentino; Conosco bene "l'antropologia della dilazione e del clientelismo mafioso della città dei mille". Non resto stupito, ma essendo stato cancellato il messaggio, devo trovare un modo per raccogliere la prova in quanto non ho avuto il tempo di fare uno screenshot. Scrivo ad Alfredo in WhatsApp.

M «Ciao Alfredo tutto bene? Mi hai scritto in LinkedIn: "Ciao Marco dove abiti adesso", e poi hai cancellato il messaggio»

Alfredo «Sì tutto bene»

La conversazione termina con quel messaggio, tempo prima aveva provato anche a scrivermi in Facebook messenger ed io ero tornato sulle sue dichiarazioni riguardo i carabinieri. Inizia ad avere senso il suo comportamento, Alfredo voleva che risultassi depresso perché così il maresciallo si sarebbe protetto dicendo che ero uno che soffriva di depressione, ancora meglio se avessi fatto uso di farmaci. Alfredo con la sua delazione e sottomissione volontaria avrebbe reso un grosso servigio al maresciallo corrotto e complici. Come al solito le loro tecniche sono allo stesso livello del loro acume e del loro spessore umano.

Mi arriva una notifica da Instagram, un altro dei social a cui sono iscritto, ma che non uso attivamente. Mi mette il follow una certa Elisa Duchi, un account appena creato, è sicuramente uno degli account fake di Laura, chissà se ha capito la vastità del problema in cui mi fa annaspare, mentre lei, ha fatto dal duemila-otto ad oggi almeno un account finto ogni mese tra i vari social, vediamo un po': il profilo si chiama Elisa Duchi, dice di studiare ingegneria al Polimi e di essere di Sondrio, ha la foto di una gamba di una ragazza che prende il sole con un costume nero, sotto alla foto pubblica una frase «E mentre la notte finisce dimmi che male c'è, se mentre ballo con lui io sto pensando ancora a te», mi sembra una frase conosciuta, come al solito deve essere parte di una canzone. Faccio una ricerca e trovo come risultato: voglio ballare con te di Baby K., inizio a scriverle.

M «Dalle foto sembri una mia amica»

M «Perché hai deciso di seguirmi in IG, se ti va quando torni a Milano ci conosciamo f2f. Non sei d'accordo?»

Elisa Duchi «Sono fidanzata»

M «Con chi di bello?»

M «Inoltre, ti ho detto che potremmo conoscerci f2f, chi ti ha fatto proposte? Le ragazze di Sondrio sono socievoli, tu ti comporti come quelle di bergamo che si fanno gli affari tuoi e poi ti rispondono: "non posso prendere un caffè con tè perché non ti conosco"»

M «Non so nemmeno che faccia hai…Dal fisico sembri una mia amica di nome Laura, avete anche un modo di fare in comune, anche lei mentre balla con qualcuno pensa ad un altro come scrivi tu, spero che tu (inteso nel tuo caso) a differenza di lei non valga anche per i balli orizzontali o finirai per prostituirti per avere in cambio l'approvazione delle amiche, e sarai una "disperatamente fidanzata", una di quelle che per non star sola si mette con qualcuno, insomma la situazione ottimale per descrivere l'infelicità. Concorderai con me che fidanzarsi, convivere, dichiararsi innamorata di qualcuno e poi pensare ad un altro e sorvegliarlo con account fake sia una vita da "schiava puttana", sottomessa ad amiche di merda ed alla propria vigliaccheria.

M «Spero tu abbia il coraggio di invitare a stare con te la persona che ami veramente e che tu non ti riduca a diffamarla senza assumerti la responsabilità delle tue azioni»

Mi appare la notifica della lettura del messaggio e pochi minuti dopo mi blocca, come volevasi dimostrare: la verità fa male. Tornerà all'attacco con un nuovo account: scrivocosepergentedistratta, poi lo rinominerà, credo che gli stiano dando una mano ancora i suoi amici pugliesi per questi account. Laura passa una bella estate mentre io mi devo sorbire in questo periodo il mio proprietario di casa, Franco Bonazza, un ottantenne che tutti nel condominio conoscono per le sue sgarbatezze e la sua prepotenza. Ora vuole che liberi il seminterrato perché lo deve affittare a delle cinesi clandestine e nel frattempo non ha detto che era occupato e lo ha affittato anche ad un'assistente OSS del Niguarda. Peraltro, il giorno prima le ha detto che gli affitta l'altro "appartamento", il deposito dei suoi materiali; la signora si arrabbia parecchio, gli serve un alloggio provvisorio in attesa che gli consegnino un appartamento che ha locato, ma che stanno finendo di sistemare. Bonazza gli ha messo nel magazzino un materasso per terra che era già lì per le precedenti schiave cinesi e mi chiama dicendo che quella porta che non si doveva aprire, un ingresso secondario, l'ha sbloccata (entra e fruga tra le mie cose). Serve perché si possa dividere in due il bagno che dovrò dividere con la nuova inquilina, la quale scapperà dopo qualche giorno arrabbiata. I carabinieri di Cologno monzese si rifiutano di farmi fare denuncia, usando un metodo cretino «Non accettiamo; senta se lei fa denuncia… io la avviso, se arriva qui la denuncia dal magistrato ed io gli dico di archiviare, il magistrato la archivia, quindi se lei vuole può fare denuncia, ma io le dico di non farla, ma lei non può dire che le ho impedito di farla, altrimenti attenzione, io denuncio» si mette le mani avanti mentre lo dice. Provo ad andare alla questura di Monza, il piantone mi dice di entrare e attendere davanti ad un piccolo ufficio sulla sinistra, la porta è aperta e vi è un poliziotto seduto su una piccola scrivania col piano color noce. Mi chiede che voglio e gli dico che devo depositare una denuncia. Gli porgo la denuncia che ho pronta, la legge e mi rimanda indietro dicendo che non può farmi sporgere querela, non vede estremi di reato e mi saluta. La querela da me redatta è di diverse pagine, questo agente ha letto solo la prima ed il nome di Bonazza. Non so che pensare, andranno assieme a divertirsi nei centri massaggi?

# XI

## I TRUST DELLA POETESSA

> Nei nostri tribunali sta scritto che tutti
> sono eguali davanti alla legge; ma
> siccome i giudici non possono leggere
> quelle parole, perché sono scritte dietro
> le loro spalle, non hanno l'obbligo di
> ricordarsene sempre
> (Paolo Mantegazza)

Ho fatto amicizia con un avvocato di nome Pier, è simpatico, mi ha detto di aver conosciuto in via Zuretti una sig.ra che cerca un Trustee e mi ha proposto per il ruolo, sapendo che è di mio interesse come gli raccontai. Secondo lui ho le competenze per farlo, è un Trust familiare molto semplice, ha detto che la cliente è un po' seccante ma, secondo lui, la saprò gestire. Me la presenta, è luglio duemila-diciannove, si chiama Alessandra Miorin, dice di essere una scrittrice molto ricca di famiglia. Le ho spiegato che prevalentemente sono un consulente informatico e dopo un paio di giorni mi chiede se posso andare a casa sua a Cernobbio (CO). Mi porto dietro il computer fisso ed i miei due schermi, la Miorin mi appare falsa, i comportamenti che ha nei confronti della madre ottantenne e della zia novantenne mi sembrano di sopruso; mi ritengo un esperto di abuso famigliare, soprattutto quelli pianificati e perpetrati per un lungo periodo di tempo, pieni di paradossi e contro-paradossi, capisco perché cambia continuamente Trustee. Inizio a registrarla di nascosto, per carpire dettagli su questa vicenda e mi riservo di scrivere qualcosa di più specifico sui "Trust della poetessa".

Dopo essere stato quasi un mese a Cernobbio (CO) non vedo l'ora di tornare a Milano. Amo questa città come se fossi stato sempre qui. La Miorin mi propone di affittare un appartamento con lei per due mesi mentre si attende che il suo loft che sta ristrutturando, sia pronto, inoltre, dice che deve presentarmi il suo consulente, il dott. Magistro Antonino. Mentre sono a Cernobbio mi chiama Gianni, vuole che lo raggiunga a Malta. Devo fare un lavoro di data entry in un negozio, una settimana pagata a Malta. Mi vuole dare anche degli scatoloni di merce da vendere online, mi ha detto che sono circa trentamila euro di merce, è *old season* per lui, ma può ancora essere venduta. Parto per Malta, è il 31/08/2019 e la Miorin continua a chiamarmi, mi logora, quando torno a Milano, faccio solo a tempo ad andare da chi mi sta tenendo la merce spedita da Malta per la vendita online, caricarla e lasciarla nel seminterrato a Cologno, ma la Miorin mi vuole vedere, ha ancora documentazione da sottopormi relativa al Trust.

Concordiamo un appuntamento un pomeriggio in via Edolo a Milano, subito dopo aver fatto aperitivo in via Gluck e arrivati nello studio del dott. Magistro ci raggiungono i suoi avvocati, Dino Salati e Giovanni Di Domenico. L'avv. Salati, ottantenne, ha un colpo di fulmine per la Miorin e asserisce di essere anche lui uno scrittore, entrambi firmiamo il mandato per avere assistenza per il Trust dallo studio Salati di Bollate (MI) di cui fanno parte questi che lavorano per Magistro. Mi sembra eccessivo e l'impegno professionale sovradimensionato, ma lei insiste.

Nei giorni successivi Alessandra Miorin passa le giornate a sentirsi con l'avv. Salati, un giorno mentre sto andando a fare un'assistenza informatica mi chiama in stato di agitazione.

Miorin: «Marco, ho appena sentito Dino, l'avv. Salati»

M «Ok, e quindi?»

Miorin «Non sai chi è Magistro, è uno che deruba le persone quando sono deboli!»

M «Ok, allora lui che cazzo di persona è che lavora per uno del genere?»

Miorin «Dobbiamo vederci, ti vuole parlare»

M «Arrivo stasera»

Miorin «Va bene, ciao»

Arrivo la sera nel bilocale che abbiamo affittato, tutto a spese del Trust, almeno per una volta non devo metterci io i soldi e quando arrivo, Miorin mi sembra un po' nevrotica, continua a bere grappa di rose, mi dice che Salati mi vuole parlare e gli dico di farmi chiamare al mio numero. Dopo pochi minuti, sono in conversazione con lui, mi dice che abbiamo fatto bene a chiudere con i Magistro, il fratello di Antonino Magistro è geometra ed aveva in carico lui i lavori per il loft della Miorin, ma Salati le ha fatto cambiare idea, per cui ne abbiamo trovato un altro tramite un portale internet dove si ricercano imprese per lavori edili, si chiama Renato, della Edilia.

Dopo circa una settimana ci spostiamo in un nuovo appartamento in piazzale Maciachini, un trilocale, di certo non rimpiango il seminterrato dove vivo a Cologno Monzese, ma io che amo avere dei coinquilini, non amo stare con Alessandra Miorin: mi fa venire la fame nervosa e mi sembra fusa di testa. Mentre le sto facendo i conteggi delle spese mediche che non le sono state rimborsate dall'assicurazione personale, continua a continua a pressarmi poiché vuole accedere alla cassetta di sicurezza del Trust. Mi oppongo, continua nei suoi discorsi logorroici sul valore dei quadri che ha in casa, alla fine crolla ed io vado a dormire dopo di lei. Nei giorni precedenti mi ha mostrato degli assegni circolari in bianco, mi dice che ne ha molti, sembrano veri, mi chiedo dove gli abbia presi, ma soprattutto cosa voglia farne, o magari chi glieli abbia dati.

Sono nervoso, oltre un mese fa si è spaccato il tendicinghia dell'alternatore della mia auto, tra il lavoro, lo spostamento a Malta ed il ritorno a Milano non ho avuto tempo di occuparmi della cosa. Mi muovo sempre con i mezzi, ma l'auto mi serve, inoltre ormai ho la fobia dei meccanici.

La mattina dopo Alessandra inizia di nuovo a fare pressing per la cassetta di sicurezza, gli chiedo giustificazione dei soldi che preleva in contanti ogni mese dal conto della zia novantenne, ma tergiversa e tenta di prendermi in giro. Poi inizia ad essere aggressiva, lo è stata anche nei giorni scorsi, anche con messaggi vocali. Le ho detto che me ne voglio tornare nel seminterrato di Cologno Monzese al più presto, ad un certo punto non ne posso più nemmeno io di Alessandra, mi fa perdere la pazienza nonostante abbia un conclamato eccesso di autocontrollo.

M «Alessandra, sai qual è il problema?»

Miorin «No, quale?»

M «Che tu rubi i soldi a tua zia novantenne»

Miorin «No, no, no»

M «Senti Alessandra, tu mi chiedi di mandare i soldi dal Trust al conto di tua zia, la beneficiaria, poi tu che hai la firma sul conto li prelevi in contanti, come faccio a ricostruire i movimenti?

Miorin «No, ma, no, le spese»

Mi squilla il telefono, devo andare

M «Stasera ne parliamo»

Arrivo a casa verso le due di notte, lei è lì ad aspettarmi, la vedo nervosa, io sono stanco, mi vorrebbe tutto il giorno con lei per farmi impazzire, ha sul tavolo la cartella con la raccolta di tutte le spese mediche che non le sono state rimborsate dalla Cattolica Assicurazioni, così inizia con i suoi discorsi logorroici ed io taccio, ad un certo punto arriva al dunque.

Miorin «Io non voglio che tu tocchi niente dei miei documenti», prende la cartellina tre lembi che è sul tavolo sotto le mie braccia e la piega in malo modo, dandole una forma a punta e me la sfila con forza da sotto le braccia e si allontana.

M «Ferma, è il mio lavoro» prendo la cartellina dalla punta e gliela strappo di mano

Miorin «Ah, mi hai picchiato, ah, sono piena di lividi, adesso chiamo Renato (il committente della ristrutturazione)», prende il telefono e lo chiama, sono circa le due e trenta di notte, nonostante l'ora Renato risponde, pensa siano le sette del mattino come mi comunicherà di persona.

Miorin «Mi ha picchiato, [Marco], sono piena di lividi»

Renato gli chiede di passarmi il telefono, Alessandra esegue la richiesta, sto parlando con Renato dicendogli di venire e "preparare i caffè", intendendo che ci prenderemo un caffè per parlare della questione. Lo informo che sto per uscire dall'appartamento e lo aspetterò in piazzale Maciachini. Chiudo la comunicazione, appoggio sul tavolo il suo iPhone e prendo il mio smartphone. Improvvisamente la Miorin mi strappa il mio telefono dalle mani e me lo lancia dal balcone, siamo al quinto piano, ipotizzo che me lo lanci perché ha capito che la stavo registrando, ma mi sbaglio. Vado in camera mia a prendere la giacca e nascondo il mio laptop, il pc fisso non lo posso nascondere, ho anche un terzo pc fisso, un mini pc, chiudo la porta della mia camera a chiave e scendo in strada con un secondo cellulare che ho di scorta, con questo chiamo il numero d'emergenza. Chiedo se posso avere informazioni in relazione al fatto se la Miorin abbia problemi psichiatrici, mi dicono che devo fare denuncia. Questo secondo telefono è molto basico, inoltre mi è arrivato con una sim card cinese e ogni volta che cambio la scheda devo reinserire quella cinese o si blocca. Cerco il mio telefono, ma non lo trovo, ad un certo punto vado verso la strada, vicino al bidone dell'immondizia verde che è stato messo lì dagli addetti. Il mio cellulare è ai piedi del bidone, sulla strada e, non posso crederci, il mio telefono è rimbalzato sul bidone e poi è caduto a terra, il display è rotto, ma è un telefono con standard di resistenza IP67. Inizia a vibrare il mio braccialetto della Xiaomi, vedo il nome sul braccialetto, è Renato. Rispondo muovendo il dito sullo schermo rotto dal centro verso destra come ho sempre fatto quando funzionava: Funziona, rispondo a Renato. Tra pochi secondi è in piazzale Maciachini. Quando arriva mi chiede la chiave della mia camera oltre che di casa, la vuole la Miorin, gli ha detto che ha lasciato nella mia camera il suo MacBook. Mi promette che mi restituirà le chiavi e non posso fare altro che dargliele. Nel frattempo, assonnato mi dirigo verso il supermarket aperto h24 lì vicino, compro un telefono da cinquanta euro, un Mediacom, non hanno altro, mi serve inoltre un cacciavite o qualcosa di similare. Il vano sim del mio telefono *rugged* ha un coperchio bloccato da due viti con taglio piatto. Sono in una pessima situazione, sono anche a piedi, senza vettura. Riesco a togliere la sim e metterla nel Mediacom ed installare le applicazioni più necessarie.

Cammino aspettando l'alba ed i mezzi pubblici e dopo aver installato WhatsApp, scrivo ad un amico comune con l'avv. Pier per spiegargli la situazione. Nel frattempo, cerco un albergo vicino ai mezzi pubblici, verso

Loreto, prenoto per un paio di giorni poiché voglio entrare in Maciachini per portare via i computer ed il borsone dei vestiti.

In tarda mattinata mi chiama Renato, mi vuole incontrare, lo vedo nel tardo pomeriggio. Mi comunica che Alessandra gli ha chiesto di accompagnarla al pronto soccorso e si è fatta refertare, dice che l'ho picchiata, non mi vuole dare molte informazioni, mi dice che il modo in cui lo racconta è credibile, gli dico che gli dimostrerò il contrario, ma devo rientrare in quella casa. Renato mi informa che dentro casa adesso ci sono due avvocati ed uno che dice di essere un maresciallo in pensione. Sono arrivati poco dopo che loro sono tornati dall'ospedale, sono l'avv. Salati ed il suo socio, il maresciallo non so chi sia. Chiedo aiuto all'avv. Pier per entrare in casa, ma non ne vuole sapere per ora, la

Miorin gli sembra fuori di testa. Acquisto un portatile usato in internet ed uno smartphone. Il telefono arriva il giorno dopo, il laptop il giorno successivo e vedo che il mio pc fisso è collegato ad internet. Lo avevo lasciato acceso, in casa c'è anche un registratore digitale ad attivazione vocale, ma la batteria dura circa settanta ore.

Mi chiama Magistro e mi dice che la Miorin non gli risponde più da giorni al telefono. Gli spiego molto brevemente la cosa, e mi dice di andare appena posso nel suo studio in via Edolo dove ero già stato.

Dopo cinque giorni dalla simulata aggressione entro nell'appartamento con la polizia. Sono spariti tutti i miei computer, delle memorie esterne e documentazione, Miorin davanti agli agenti sostiene che sono entrato io di notte e che li ho rubati. Porto via i miei vestiti e chiedo un passaggio ad un conoscente per lasciare le mie cose da un mio amico. Mi porto solo un borsone in albergo con il minimo necessario, di fatto sono abituato a questa vita nomade ed in penombra come se fossi un latitante. Estraggo i files dal registratore digitale che ho recuperato quando sono andato a prendere i miei effetti personali ed inizio ad ascoltarli. Trovo la parte della simulata aggressione, ne faccio una patch e me la carico sul telefono nuovo, la invio a Renato a mezzo WhatsApp e questi la inoltra al suo avvocato senza ascoltarla.

Arrivato nello studio di Magistro, gli spiego la situazione e questi fatica a credere a quello che gli racconto. Gli mostro i messaggi con la Miorin in cui si parla di lui. Magistro non ha una vera laurea e divenne famoso alle cronache milanesi per un articolo del fatto quotidiano dal titolo: "Milano, l'ex dc e il prestanome del boss Mafia e politica fanno cin cin alla movida", del 5 agosto 2011; di fatto non è più nemmeno un politico da molto tempo. Si occupa di finanziamenti europei, i cosiddetti fondi Junker, ma in Italia basta vendersi bene e si può anche delinquere. Mi dice che ha problemi per dei lavori che non gli hanno portato a termine Salati ed il suo socio e mi chiede dei soldi in prestito, dice che me li restituirà al più presto. Per ricambiare il favore, anche di averlo informato sul doppiogiochismo di Salati, si prodigherà per farmi recuperare i computer ed accessori rubatomi. Mi informa anche che Salati è consulente tecnico del tribunale e magistrato onorario.

Quella sera mi faccio accompagnare dall'avv. Pier e da un mio amico a Cologno Monzese. Non ho ancora riparato la mia auto, sento che devo andare lì, qualcosa non quadra e quando arrivo trovo un biglietto: "la serratura è stata cambiata, chiedere ai carabinieri di Cologno Monzese"; chiamo il numero di emergenza, non possono fare nulla, mi richiama poco dopo:

[+390224121300] _2019–11–08_21–37–02.mp3

[M 00:01] «Pronto. Sì.»

[+390224121300 00:12] «C'è un altro e c'è un'emergenza In corso»

[M 00:15] «Sì»

[+390224121300 00:16] «Eh, la macchina potrebbe arrivare nell'immediato, ma tanto per capire c'è un cartello…»

[M 00:22] «Con scritto la serratura è stata cambiata, per informazioni chiamare il comando dei carabinieri di Cologno Monzese. Ma le dirò, io nel comando dei carabinieri di Cologno Monzese, avevo parlato col maresciallo Rani, sperando che il mio... Chi mi ha locato il seminterrato è un signore con un pessimo carattere che è prepotente. Mi entrava abusivamente in questo magazzino. Me l'ha affittato come se fosse appartamento, dicendo che potevo usarlo come ufficio perché io faccio il tecnico informatico autonomo. Invece, era un magazzino. C'è un odore assurdo di solventi. Io ho chiamato l'amministratore e non ha fatto niente. Adesso c'è scritto la serratura è stata cambiata. Per chiarimenti rivolgersi ai carabinieri di Cologno Monzese. Adesso io cito come persona informata sui fatti il maresciallo Rani perché... per altre cose mi ha detto che lui ha provato a parlare col signor Bonazza e non c'è riuscito»

[+390224121300    01:17]    «Lei    è materialmente in questo Ufficio?»

[M 01:19] «Eh sì»

[+390224121300 01:23] «Di chi è?»

[M 01:24] «Di proprietà signor Franco Bonazza, che non mi ha dato le sue generalità, so solo che abita in via… Sì. Esatto, in affitto e c'era un contenzioso»

[+390224121300 01:44] «C'era un contratto?»

[M 01:45] «Sì, c'era un contatto non registrato. Ho un contenzioso perché c'è una mediazione in corso tra avvocati»

[+390224121300 01:56] «Verbale? che vuole la pattuglia sul posto, verbale di cosa lo vuole…»

[M 02:00] «Comunque c'è stata questa effrazione e hanno scritto…qualcuno ha scritto: "la serratura è stata cambiata. Per chiarimenti rivolgersi ai carabinieri di Cologno Monzese". Non credo che voi iniziate a cambiare le serrature quando c'è una mediazione in corso senza neanche il timbro dei carabinieri. Sfratto? ma che sfratto. Ma signora, sono io, sono io che ho chiesto il contratto regolare, perché lui non …altro. Signorina, allora questo signore me l'aveva affittato come ufficio, si è presentato da me con un contratto di…, prima comodato d'uso gratuito e un avvocato gli ha scritto dicendo: Signore, lei deve fare un contatto regolare al signor [Marco], che sarei io? Quindi c'è stata un continuo scambio di e-mail tra avvocati e poi mi trovo la serratura cambiata con i miei beni dentro. Avete capito, OK?»

[+390224121300 02:49] «Ancora non avete un decreto?»

[M 02:51] «Di sfratto? Assolutamente no, signorina, no, no. Titolarità sugli, sul…, sì, sì, sì, esatto»

[+390224121300 03:04] «OK ora. Le spiego un attimo, le spiego un attimo come funziona. Perché tanto lei aspetterà lì due ore e poi la pattuglia sul posto era quello che le sto dicendo io. Nel momento in cui lui ha fatto questa cosa, dal momento in cui lui non può fare questa cosa, lei può fare una fotografia al cartello. C'è questo foglio che dice…».

[M 03:31] «Questo? Va bene, okay? Però le dico. Io ho parlato col maresciallo Rani di Cologno Monzese che è un è un brav'uomo e ha… purtroppo il maresciallo Rani che è una persona tranquilla, mi ha detto: "[Marco] io ho provato a parlare con questo signore per altre cose, non ci si riesce a parlare, non so cosa dirle", (inteso) Bonazza»

[+390224121300                03:56] «[incomprensibile] Fare qui e ci ragioniamo. C'è una denuncia, ma andiamo avanti, ci sarà un processo»

[M 04:02] «Va bene»

[+390224121300        04:03]        «Sì, arbitrariamente.»

[M 04:15] «Va Bene signora»

[+390224121300 04:16] «Lei, lei…aveva già l... Ma nel momento in cui lei ha ancora la disponibilità dell'edificio, lui non può fare una cosa del genere. L'unica cosa è che noi non possiamo venire lì sul posto, smontare serrature, no»

[M 04:34] «Lo so, lo so, signorina, lo so»

[+390224121300 04:40] «E non so perché il collega gli abbia detto di chiamare»

[M 04:43] «No, guardi sì, sì, magari c'era una pattuglia in giro, no perché il suo collega è rimasto stupito, aveva detto, "ma se, ma chi, questa cosa, chi l'ha? L'hanno attaccata i carabinieri?" Sicuro, ho detto io, non credo che l'abbiano attaccata i carabinieri, però dato che c'è scritto: "la serratura è stata cambiata, per chiarimenti rivolgersi i carabinieri di Cologno Monzese". Ho detto boh, ci sarà, ci sarà. Sì, certo,

certo, assolutamente. No, ma che intestazione?! Quel fogliettino ritagliato. Va bene?»

[+390224121300 05:31] «Va bene»

[M 05:35] «Bene, Guardi, faccio la foto e presento la denuncia. Sì, sì»

[+390224121300 05:40] «Che ha detto, Io ho cambiato la serratura, se ti sta bene così, se no, vai da carabinieri»

[M 05:56] «Sì, sì, signorina, ma guardi che io ho una documentazione di quello che dico, Eh? Va bene, la ringrazio, faccio la foto e …»

[+390224121300 06:12] «Ora i colleghi possono anche fare il tentativo di chiamarlo»

[M 06:18] «Sì, sì, va bene, comunque adesso vedo come fa… [ripeto i fatti avvenuti] …Vabbè, guardi, adesso comunque li fotografo e poi vengo a fare la denuncia. Grazie. Va bene, la ringrazio, gentilissima, Salve, Salve»

Chiamo la caserma di Cologno Monzese, è domenica dicono che il maresciallo Rani con cui chiedo di parlare non c'è in quanto giorno festivo. Quindi devo richiamare in altro momento, ma tanto so come fanno: ti raggirano approfittando del proprio autorevole ruolo all'interno delle istituzioni, di fatto vorrei dire al maresciallo Rani «Ma lei e Bonazza andate negli stessi centri massaggi cinesi, dato il comportamento di rifiuto della denuncia e questa situazione?», non mi aspetto di certo che faccia il suo dovere. Riesco dall'esterno ad aprire una delle finestre del seminterrato protette da inferriate che è socchiusa e vedo che è stato asportato tutto il contenuto: vestiti, computer, è stato anche tinteggiato di azzurro, dall'odore la pittura è fresca, è inoltre lo stesso colore; quindi, la stessa vernice con cui hanno tinteggiato di recente i muri del loro seminterrato accanto Sergio Stuani ed il socio Bonora. Questi due sono clienti dell'avv. Di Maro, detto Gino, che ha il suo ufficio all'interno di quello del Fiaccabrino in corso Lodi 47 a Milano: non sono coincidenze. Ho denunciato bonazza qualche tempo fa per i suoi comportamenti antisociali; infatti, entrava nel mio seminterrato di nascosto, trovavo i miei oggetti spostati, troppe stranezze, un incendio e poi il seminterrato svuotato di tutto. Stuani, che si è messo a tenere la parte di Bonazza, mi chiamò in qualche occasione facendo il bullo ed alzando la voce. È questo il tipico comportamento dei bulli leccapiedi collusi con le divise rosse. Peraltro, per questioni diplomatiche ho dovuto anche parlare bene del maresciallo Rani, non potevo di certo screditarlo, il carabiniere donna che mi ha risposto lo conosce.

Passa qualche giorno, continua a girarmi in mente il pensiero di aver subito simultaneamente due furti, penso a quando ho detto alla Miorin che volevo tornare al più presto nel seminterrato, il giorno dopo averlo detto è stata simulata l'aggressione da parte sua. Mi chiama Renato, che scoprirò essere anche lui un po' truffaldino, ma è per me una pedina importante per i fatti accaduti. Mi dice che lo ha chiamato il suo avvocato dicendo «Ma questa è pazza, se un magistrato ascolta la registrazione, la denuncia per simulazione di reato; non un piatto rotto, una sedia che cade, nulla che dia indizio di una violenza domestica», poi mi dice che si vuole scusare e darmi delle informazioni. Gli sono venute in mente delle cose che sono avvenute la notte in cui ha portato la Miorin in ospedale e mi invita a pranzo.

Non so come muovermi, ho inviato anche una Pec all'avv. Salati. Questo risponde di essere estraneo ad ogni situazione, faccio una denuncia con un altro avvocato, l'avv. [Piera], per il furto e la simulazione di reato.

Mi incontro a pranzo con Renato, mi informa che la Miorin ora ha un nuovo trustee, lo ha conosciuto in quanto è andato nel suo ufficio in corso Lodi, questo continuava a dire che l'ho picchiata, Renato lo guardava imbarazzato avendo ascoltato la registrazione, mi dice che è un napoletano di nome Maiorano.

M «Maiorano, Luigi Maiorano?» annuisce e mi guarda stranito, prendo il mio telefono e gli mostro la foto, Luigi Maiorano è uno degli uomini di fiducia di Fiaccabrino ed ha una scrivania a Milano nell'ufficio di questo. Quando vede la foto del profilo WhatsApp mi conferma che è lui. Inizio a pormi delle domande, come mai l'uomo di fiducia di Fiaccabrino è il nuovo trustee della Miorin? Chiamo Magistro, devo avere delle informazioni, e scopro che Maiorano fa parte della squadra dello studio Salati, sono soci anche in un'azienda.

Nei giorni successivi continuo a sbobinare la registrazione ed estraggo una parte dove si sente in modo nitido un «Io sono il maresciallo in pensione Cesare di Dio e pretendo che si cambi questa serratura».

Il maresciallo per sfregio mi ha lasciato un suo biglietto da visita nel mio borsone: Giuseppe di dio, Luogotenente dei Carabinieri, Collaboratore investigativo Agenzia la "Fedelissima" Milano, Luminare in problematiche Penali Civili Giudiziarie, Istruttore di Guida veloce, E-mail [omissis] cellulare [omissis]. Il fatto che nel biglietto da visita non scriva che è andato in pensione, mi dà l'idea che abbia sempre fatto il mariuolo usando la divisa e guadagnando in nero.

Mi vedo in un bar con Renato, mi deve parlare; mi racconta un fatto di cui è testimone. Nell'appartamento in piazzale Maciachini c'è stato uno screzio tra il maresciallo di Dio e l'avv. Salati, tant'è che, mentre Salati con la Miorin asportavano i miei computer rubati, di Dio se ne tornava a casa in bus. Mentre me lo racconta, dentro di me penso che sia un particolare trascurabile, forse il maresciallo di Dio pensava che avrebbe avuto dei soldi subito per il servizio o chissà cos'altro; Renato mi racconta poi che dal mio computer sono stati cancellati tutti i dati da un amico della Miorin, si chiama Tote Cacciatore. Mi mostra il numero di cellulare, è socio nella TM Records sita in Como.

# XII

## SCANDALO PALAMARA E I CONCORSI DELLA ROTA

> Ovunque regna il terrore, ovunque
> si tendono trappole, ovunque vige
> l'inganno, la menzogna, l'astuzia.
> (Mo Yang)

Estate duemila-diciannove, sono a Milano in zona Piola con l'avv. Pier a prendere un caffè, mi chiede se ho sentito dello scandalo Palamara, gli dico di aver letto qualcosa e a fronte delle situazioni passate ho aperto gli occhi su come sono i magistrati italiani. Rifletto pensoso sulla frase di apertura del libro l'ultracasta, dichiarazione di Indro Montanelli quando sento la parola magistrato e faccio delle ricerche: corruzione, intercettazioni, scandalo CSM, ritrovo gli articoli sui "raccomandati di Ferri" e sul PM Fabio Napoleone scritto dal giornale della provincia di Sondrio. Trovo poi una foto in cui in il dott. Napoleone è in aula in mezzo ad altri magistrati, si erge sopra un tizio che deve essere l'imputato, in una posa da rapace con le mani allargate. Il magistrato alla sinistra di Napoleone è una donna bionda, assomiglia alla dott.ssa Antonelli, lo guarda con interesse, di fatto non so chi sia la bionda ma, secondo me, non sono solo colleghi questi due che vedo in foto. Poi non mi importa, quello che mi importa è il vecchio articolo della promozione al CSM: passano i raccomandati di Ferri (inteso il dott. Cosimo Ferri), uno dei quattro è Palamara e l'altro e Fabio Napoleone. Questa è la notizia che mi interessa, ancora coincidenze, inoltre vedo un articolo di quando Fabio

Napoleone è stato inviato a Sondrio nel duemila-otto. Questa situazione mi fa comprendere come ti accerchino con lentezza, tanto lo stipendio se lo prendono lo stesso. In tutti i regimi i tiranni non hanno mai fretta, sanno che un singolo individuo non ha difese da uno stato aggressore a fronte delle risorse che questo ha.

www.policymakermag.it 27 novembre 2023

La corrente 'Area' è nata nel 2013, come «Cartello elettorale» tra Magistratura Democratica e Movimento per la Giustizia–art.3, è divenuta nel tempo un gruppo autonomo della magistratura associata. Nel 2017 il cambio nome in 'Area democratica per la giustizia'. Fabio Napoleone è di Area

È fine duemila-diciannove, a causa di questa strane coincidenze decido di richiedere il mio casellario penale e quello dei carichi pendenti, è sempre stato pulito, ma date le porcate fattomi, penso che sia meglio se verifico. Mi interessa soprattutto quello dei carichi pendenti. Delego uno dei miei avvocati per ritirarlo, quando me lo invia resto senza parole: mi hanno condannato per qualcosa che non so, in mia assenza ad un anno e qualche mese a richiesta del PM Dott.ssa Maria Cristina Rota. Me la ricordo, era quella che trovandomi in aula ha detto: «[Marco] non era reperibile» il giudice disse «[Marco] si è presentato di persona, quindi non è irreperibile», in quell'occasione incontrai nella stessa aula l'avv. Tassetti che assunse un'aria piuttosto preoccupata. La dott.ssa Rota mi ricordò l'avv. Loredana Baschenis nei modi. Il comportamento della PM Maria Cristina Rota nelle porcate bergamasche non resterà impunito: la fama che aveva nella procura di

Monza è nota anche ai non addetti ai lavori e servirebbe scrivere una decina di pagine dal titolo: "I concorsi non esterni di PM Maria Cristina Rota". Non è quindi una coincidenza che l'avv. Riva Federico e l'avv. Nicola Stocchiero del foro di bergamo non mi hanno risposto ad e-mail, messaggi, etc. Uno dei motivi per condannarmi fra l'altro è anche quello di impedirmi di avere un porto d'armi. Loro sono tanti e armati io solo e senza nessuna difesa.

La città dei mille o migliaia contrasti onorati, culla di Cosa Rossa, continua la sua avanzata, pare abbia anche un tentacolo meneghino.

# INDICE

LA CITTÁ DEI MILLE CONTRASTI ONORATI